つながるカフェ

コミュニティの〈場〉をつくる方法

山納 洋

学芸出版社

はじめに

今から20年前、神戸の新長田に住んでいた時のこと。

行きつけのバーで一人で飲んでいると、お店のマスターが「山納君やったら、話合うんちゃう」ぐらいの軽いノリで、居合わせたおじさんを僕に紹介しました。そのおじさんは、漢詩の話題をおもむろに僕にぶつけてきました。

僕が「高校の時には、白楽天の『長恨歌』を覚えてました」と返すと、そのおじさんは、得がたい友を見つけたという感じで、その後漢詩トークをどんどん繰り出して来られました。

初めのうちは面白いかな、と相槌を打って話を聞いていたのですが、だんだんと面倒になってきて、話が途切れたタイミングで、僕はそのおじさんの前で本を読みはじめました。

するとおじさんは、「会《かい》すれど見《まみ》えず、ちゅうやつやな」と、さびしそうに独りごちました。

さすがに悪いことをしたなと思いましたが、その後、そのおじさんとは話をしませんでした。

今にして思うと、大人気ない振舞いだったと思います。また、マスターの紹介もだいぶ雑だったなと。そしておじさんが言った通り、おじさんと僕とは、会話を交わしたけれど、本当に出会ったわけではなかったな、とも。

僕は2000年に、「扇町 Talkin' About（トーキン・アバウト）」というトークサロン企画を始めました。

これは、あるテーマについて、興味ある人が集まり、集まった人たち自身が語り合う〝しゃべり場〟です。大阪・キタの扇町界隈の飲食店・バー・カフェなどを会場に、演劇・映画・現代美術・音楽・文学・ポエトリー・お笑い・漫画・哲学といったさまざまなジャンルのテーマで集まりを開いていました。

2001年には、「Common Bar SINGLES（コモンバー・シングルズ）」という日替わりマスター制のバーを始めました。「扇町Talkin'About」の会場にもなっていた「Bar SINGLES」の閉店後、その場所を維持するために、40人のマスターを集めて立ち上げたものです。

2004年には、大阪キタ・中崎町の一角で、「common cafe（コモンカフェ）」を始めました。ここも日替わり店主によるお店で、カフェとしての営業をベースに、演劇公演、音楽ライブ、映像上映会、展覧会、トークイベント、朗読会、セミナー、ワークショップといった多彩なイベントを、日々開催しています。

人と人とが出会い、刺激を受け、そこから何かが生まれる。そんな場所への憧れから、僕はこれらの取り組みを続けてきました。

一方で、僕は今も、人との出会いをいくらか億劫に感じています。そう、矛盾しているのです。だからこそ、それでも人がつながるとはどういうことだろう、どうすればそういう場をつくれるのだろう、僕にとって〝場づくり〟とは、そういうアンビバレントな問いとしてありました。

前著『カフェという場のつくり方』では、個人でカフェを始めて、続けていくために知っておいた方がいいと思うことをまとめ、最終章で「カフェが担う公共性」について触れました。

今回は、その最終章を広げ、本一冊分にしました。この本では、カフェを〝場〟として成立させるための方法論について掘り下げています。

ここでお伝えしたいのは、コミュニティカフェのつくり方や、カフェイベントの企画の仕方ではありません。

そうではなく、場が力を持つとはどういうことか、行かずにはいられない場とは、人が成長する場とはどういうものか、公的なミッションで場をつくるとはどういうことか、場における創発はどうすれば起きるのか、といった問いについての、自分なりの考えをお伝えしたいと思っています。

どうぞ最後までお付き合いください。

目次

4 創発が起こる場としてのカフェ……141

1

カフェにおける〝場づくり〟とは？

〝場づくり〟という言葉を、最近さかんに耳にするようになりました。

僕は「カフェをやりたい」という人に会うと、「やりたいのは『飲食業』と『場づくり』のどちらですか？」と尋ねるのですが、年を追うごとに『場づくり』と答える人が多くなっています。経済を追うよりも、お客さんとの会話や出会いを楽しむ方に、より関心が高まっているのを感じています。

カフェ以外にも、ゲストハウス、シェアハウス、コワーキングスペース、住み開き、おうちカフェなど、人と人とがつながる場や、居場所をつくろうという動きも、年々その数とヴァリエーションを増やしてきているように思います。

さらに、高齢者や子どもの居場所、共同体の再編を目的としたまちづくり拠点、新たな創発的な学びの場など、地域社会において公共的役割を補完する場が、行政からも要請されるようになってきています。

こういった、人と人とがゆるやかにつながっていく場所が、本来の飲食業としての意味を超えて、広い意味で「カフェ」と呼ばれるようになってきています。

1　失われつつある〝場〟

アメリカの社会学者、レイ・オールデンバーグは、家でも職場でもない「サードプレイス（第三の居場所）」の必要性を唱えています。

サードプレイスとは、形式張らない社交の場に集い、仕事や家庭の問題を忘れ、くつろいだ雰囲気で話をしたいという人々の欲求を満たす場所であり、ドイツにおけるビアガーデン、イギリスにおけるパブ、フランスにおけるカフェはいずれもそうした役割を果たしています。

アメリカにおいては、かつては居酒屋、床屋、美容院などがそういう役割を果たしていましたが、郊外化の進展とともに、そうした場所は姿を消していきました。そのために人々はつながりを失い、孤独な状態にとどまっている、というのが彼の論旨です。

オールデンバーグは、サードプレイスの喪失を、〈非－場所（ノンプレイス）〉の台頭のうちに見ています。彼の著書『サードプレイス』には、こんな表現が出てきます。

かつて場所（プレイス）があったところに、今わたしたちが見出すのは〈非－場所（ノンプレイス）〉だ。本物の場所では、ヒトが人間である。彼または彼女は、ユニークな個性をもった一個の人間だ。〈非―場所〉では、個性など意味がなく、人は単なる顧客や買い物客、クライアントや患者、席に座る身体、請求書の宛先、駐車する車にすぎない。

（レイ・オールデンバーグ、忠平美幸訳『サードプレイス』みすず書房より）

日本においても、ファストフード、チェーンストアがその数を増やし、郊外にもショッピングモールが進出する一方で、長年続いてきた個人店がどんどん廃業していっています。そしてお店に足を運んでも、「いらっしゃいませ、こんにちは」と形式的に声をかけられ、店主や他のお客さんと親しく話すことのない環境が、当たり前になってきています。

僕らの生活空間はたしかに、〈非―場所〉に満たされるようになってきています。

オールデンバーグの視点からみると、〝場づくり〟とは、効率的に再編されていく社会において、多様な人々とのゆるやかな関係性に開かれた場をつくり、オルタナティブな価値観を社会に取り戻そうという動きだと捉えることができます。

2　人が集まれば〝場〟はできるのか？

こうした「場（プレイス）の重要性」について、異を唱える人は少ないでしょう。

ですが、その重要な「場」が、本当に成立しているかどうかについては、これまできちんと吟味されてこなかったのではないでしょうか？

経済性を追求するカフェであれば、儲かったとか、経営が維持できるレベルで回っているといった指標で評価できますが、場としてのカフェは、一体どうなっていれば成功と呼べるのでしょうか？

いわゆるコミュニティカフェを巡っていて、がっかりすることがよくあります。

あるお店では、僕一人しかお客さんがいないのに、コーヒーが出来たときに「コーヒーのお客さま」と呼ばれました。そして僕が店にいる間、スタッフが僕に意識を向けることはありませんでした。

またあるお店では、一人で食事をしていたおじいさんが、隣の女性客に話しかけましたが、その女性はギョっとした様子で、おじいさんを無視しました。おじいさんはきまりの悪い様子でしたが、別室になっているキッチンにいた店主はそのことに気づいていませんでした。

どちらも、コミュニティカフェとして名の通ったお店で遭遇した光景です。

コミュニティカフェが社会課題の解決につながるという認識が共有されたことで、設立のための補助金が出たり、行政自身がカフェを設置したりということも一般的になっていますが、「場を成立させるためには何が必要なのか」というリテラシーは、まだまだ共有知にはなっていません。むしろ、何十年も続いている喫茶店や呑み屋の方に、そうした場の論理を知り尽くしている店主が多いように思えます。

今回、この本で考えてみたいのは、こうした〝場〟を成立させるための要件です。

3　人が出会うときの機微

みなさんは、異業種交流会などに行き、いっぱい名刺交換はしたけれど、仕事の話や当たりさわりのない話をしただけで、その後やり取りが続いている人はほとんどいない、という経験を持っていませんか？

そもそも日本では、立場や背景が違う人と臆することなく話ができる人は少数派です。特に若い人の多くは、自分と同じ年代、似た境遇や価値観の集団の中にいて、他者とコミュニケートする技術を十分に培っていない人も多いです。そのため、場をつくって人を集めて「さあ、どうぞ！」と言っても、そうそう人と人とはつながりません。

そんなシャイな人同士をつなげるために、場づくりに取り組んでいる人たちは、以下のような配慮をしているはずです。

1　紹介する

両者を知っている人がうまく紹介してくれれば、話しやすい

2　共通の話題を提示する

同じ趣味や興味関心が見えていれば、話しやすい

3　環境を用意する

ワークショップや少人数でのディスカッションなど、話をするのが自然な環境が用意されていれば、話しやすい

場のクオリティは、こうした配慮をどれだけきめ細かくできるかにかかっています。

例えば、みなさんは、「三人での会話」は難しい、と感じたことはないですか？

その三人が気心の知れた仲間であったり、共通の話題を持っている場合には問題ありませんが、二人だけが分かる話を長々と続けられた時には、残された一人はおそらく居心地の悪い思いをするはずです。

そのため人を紹介する人には、共通の話題をうまく見つけ出す、一人だけが知らない話題をその人にも分かるように説明する、という配慮や技術が必要です。

またみなさんは、紹介に伴うリスクについて考えたことがあるでしょうか。

人を紹介する場合には、フィーリングが合うかどうか、信頼できる人物かどうか、面倒や厄介をもたらす人でないかどうかを見極めていないと、後々トラブルにもなることがあり得ます。そうなると、紹介した人自身も信用を失うことになりかねません。

また相手はそもそも、紹介されることを迷惑だと考えているかも知れません。特にカフェなどでは、この点に注意が必要です。

カフェには、話をしたい人も、したくない人もやって来ます。「ここはコミュニティカフェだから」とことさらに人を紹介していると、「なんで紹介するの」と怒るお客さんも、その後お店に来なくなってしまうお客さんもいるのです。

アメリカのノンフィクション作家・ジャーナリストのジェイン・ジェイコブズは、著書『アメリカ大都市の死と生』の中で、ニューヨーク在住時代の家の近くの菓子屋の主人・ジャッフェさんが引いた一線について紹介しています。

彼は商売のかたわら、子どもを見張ったり、傘や小銭を貸したり、鍵を預かったり、人を励ましたり、忠告したりといったサービスを日々行っていますが、「お客さん同士を引き合わせることは？」と尋ねられると「それはよくないでしょう。同じ興味を持つ二人の客が同じときに居合わせたなら、話題を持ち出して、二人が望めば話が続けられるようにすることはありますが。でも、いや、紹介はしませんね」と答えています。

都市生活の魅力は、その気になれば様々な人と知り合うこともできる一方、窮屈な人間関係に縛られすぎることもない、その心地よいバランスにあるのだと、ジャッフェさんは心得ておられたのでしょう。

人を紹介する時には、それは相手にとって迷惑かも知れないという感受性を持つこと、そして〝場づくり〟においては、出会うこともできるし、出会わないという選択肢も残されているということが大事です。

そもそも「つながり」を求めている人は、そもそも誰と、何のためにつながりたいと思っているのでしょうか？

そこには、仕事や立身出世の機会を得たいという人もおられるでしょうし、友達やパートナーが欲しいという人も、自分の居場所が見つけられないという人も、つながりを通じて何かを学びたい、何かを伝えたい、誰かのためになることをしたいという方もおられるでしょう。

「場」や「つながり」という言葉には、〝同床異夢〟の香りがします。

この言葉に対して抱くイメージは人によってかなり違いますが、その違いが捨象され、一人歩きをしているような感じを、僕は強く持っています。

最近は「つながりたい人、集まれ！」というような、つながることを前提にした場が世の中に増えています。以前は合コンや異業種交流会のようなものが主だったと思いますが、最近では居場所づくり、コミュニティづくりなど多様化が進んでいます。

そういう場には、当たり前ですが「つながりたい人」が集まります。ただ、そこに集まる人たちは、「出会いたい人」であるとは限りません。

そのため、つながることを前提にした場はやがて、「行きたい場」ではなくなる、というパラドックスが起こります。イギリスのコーヒー・ハウスやフランスのカフェなど、かつて盛っていた場所が魅力を失っていった背景には、こういう原理が働いています。

出会いたいと思う人、それは魅力を備えた存在であり、そういう人たちが集う場であるからこそ、そこに行きたい、その人とつながりたい、同じ空間を共有したいと思う。「場所」というものは、そういう順序で立ち上がっているはずです。

言い換えると、場が立ち上がる時には、「そこで起きるかも知れない出会いや経験に対する期待感」が、参加者の中で相乗的に働いているはずです。

そして〝場づくり〟とは、この期待感の力学をどうプロデュースするか、そういう技術なのだと、僕は考えています。

2

成長する場所としてのカフェ

みなさんは、「自分自身が強く影響を受けた場所」を持っておられるでしょうか？

場づくりを始めようという人には、そういった原点を持っている人も多いのではと思います。そこはどんな空間で、店主はどんな人で、そこではどんな出会いがあったか、そこで過ごした時間はどんなだったか……そこを基点に、場についてのイメージを膨らませているのではないでしょうか。

もしそうした原体験がないという方がおられたら、自身で場をつくるよりも先に、自分が大事だと思える場を見つけ、入り浸ってみることを強くお勧めします。人生に影響を与える場というものを身をもって体験することが、一番の早道だと思うからです。

僕自身が強く影響を受けた場の多くは、カフェではなく、バーや呑み屋でした。

そこで知らない人、知らないことと出会い、人生に直接影響を受ける経験をした、「学校」とも呼べるお店が2軒あります。

そのうちの一つが、東京都文京区本郷4丁目にあった「どさんこ大将」です。

1　不良中年とつながった場——どさんこ大将

僕は東京での大学時代には、ダンスサークルに所属し、原宿や池袋で洋服販売のアルバイトをしていました。そもそも背景が自分と変わらない〝同類〟の中にいるのが嫌で、外に出て行って知り合いをつくる性格なので、普通の学生よりは付き合いの範囲は広かったと思います。が、卒論に取りかかった4回生の夏以降は、大学と大学近くのアパートとバイト先という、狭い生活圏の中で暮らしていました。

ある日、夜12時まで家で論文を書いた後、家から3分のところにあった「どさんこ大将」に入り、ビールと生姜焼き定食を注文しました。

この店は基本的にラーメン屋ですが、カラオケが置いてあり、夜9時を過ぎると常連客が歌いだし、呑み屋のようになっていました。そしてこの日、僕が食事をしていると、おもむろにマイクが回ってきました。

常連さんが唄っていたのは、たいてい演歌やブルースでした。1番は自分で唄い、2番は誰かにマイクを回し、3番はまた自分が唄うというのがここでの流儀だったのですが、そんなやり取りにいきなり巻き込まれ、そのまま夜中の2時まで、僕は大将や常連さんたちと打ち解けて飲んでいました。この夜をきっかけに、僕は卒業までの半年間、週に2、3度このお店に顔を出すようになりました。

「どさんこ大将」の店主は、空手が強く浪曲の名手でもある大将と、大将に劣らぬ迫力で、自分のことを「オレ」と呼ぶ福島出身の母さんでした。当時お店に出入りしていたのは、学生運動に関わって大学を中退し、さまざまな職を転々としつつも、どこに行っても頭角を現していた大物肌の山口さん、近所の旅館の板前で、60歳近いのに女好きのコダマちゃん、近所で写真館を営むヒゲさん、印刷会社の社長・谷澤さん、地域の野球チームに所属し、中年の人たちと若手をつないでいた板前の里さん、成蹊大学ホッケー部の主将・笹沼。東大医学部の森などでした。

僕は「どさんこ大将」に出入りして、演歌を何十曲も覚えながら、そんな不良中年たちの世界に仲間入りをしていました。東京のど真ん中にありながら、このお店にはムラと呼ぶべき濃い人間関係があり、唄いながら軽口を叩き合ったり、噂話が飛び交ったりしていました。僕はそこでみんなと仲良くなり、夜中の2時頃まで飲んで喋って過ごし、時におごってもらったり、説教されたりしていました。

大学を卒業し、就職で大阪に戻るときには、みんなで送別会を開いてくれました。その後も上京した時には寄っていたのですが、お店のコミュニティの求心力は僕が出入りしていた頃がピークだったようで、以前の常連さんと会うこともなくなっていきました。毎晩のように深酒をしていたために、その後体を悪くしてしまった方も何人かおられました。年賀状のやり取りもいつしか途絶え、昨年久しぶりに足を運んでみると、お店の建物はなくなり、更地になっていました。

「どさんこ大将」は僕にどういう影響を与えたのか、改めて考えてみました。

僕はそこでお会いした諸先輩方の振舞いから、自分の座標軸をつくっていたのだと思います。すごい人、優しい人、しょうがない人、怒ると怖い人……僕は彼らと一緒に唄ったり喋ったりしながら、「こんな風に振舞っていい、こんな風に生きていてもいい」という、自由な人生に対するおおらかな肯定感を得ていたのだろうと。

就職前にこんな経験をしていたことで、結果として僕は自分を一般的な枠に収めることなく、その先の道を進むことができたのだと思います。

2　僕の人生を変えた場 —— RINO POINT

僕にとってのもう一つの「学校」。それは22歳の時に出会い、その後3年間、週3回通ったバーです。

大学を卒業し、会社に入社して3ヶ月、僕は製造所の総務に配属になり、堺市上野芝にある会社の独身寮に引っ越しました。引っ越してすぐに近所をウロウロしていると、駅のすぐ前に古びた商店街があり、その一角に夕方になるとお店を開ける、サイケデリックな洋服屋を見つけました。

「文明的服屋 RINO POINT（リノポイント）」。夕方5時頃から夜中の2時頃まで営業していたこの洋服屋の奥には、５坪ほどのストックスペースがあり、洋服を外に出して並べてからはバーとして営業していました。カウンターと４人掛けのテーブルが２つ、十数人で一杯になる位の小さなスペースでした。

僕は、引っ越して３日目に、このお店に足を踏み入れました。

中には何人かの常連のお客さんがいました。洋服屋のお客でもない、まったくの一見だった僕に対して、お店のマスターは「自分、この漢字読めるか？」と、おもむろに漢字の問題を出してきました。

その問題に答えると、常連さんが「なんでそんな字、知ってんの？」と。そこから自然に会話が始まりました。

マスターはそのうちに洋服屋の方に行っ

夕方５時から商店街の一角で営業していた「RINO POINT」

てしまい、僕は会ったばかりの常連さんたちとそのまましゃべっていました。これがその後3年間、週3回は通うことになったお店との出会いでした。

このお店の常連客には、サラリーマンも、デザイナー、事業主も、職人もいました。堺というヤンキー的文化圏の中にあって、「リノポイント」は割り切れていない、世間の中で自分を持て余しているような若者男子を誘蛾灯のように集める、深みをたたえた独特の存在でした。

当時40歳ぐらいだったこのお店のマスターは博識で、お店ではいろんなジャンルのことが話題にのぼっていました。映画・音楽・フィッシング・登山・洋服・スキー・ゴルフ・バイク・車・さまざまな業界の話……これらすべての話題をリードしていたマスターに、僕は圧倒されていました。そしてお客さんに広く深い世界を見せる技術に非常に長けた人でした。知らないお客同士がバーにいると、うまい具合に引き合わせて、会話が回り始める状況をつくって、また洋服屋に戻っていく、そういうことをさりげなく上手にする人でした。

洋服屋の方が忙しい時には、よく放っておかれました。自分で冷蔵庫から缶ビールを出してきて、お店にあるテレビを観たり、居合わせたお客さんと話しながら飲んだりしていることも多かったのですが。そういう時間を楽しめる人たちが、常連としてお店に残っていたように思います。

その当時の僕は、平日は製造所の総務の仕事を夜8時、9時までしていて、週末になると凧の糸が切れたようにミナミの街に繰り出し、遊び明かすという生活を繰り返していました。自分はこれからどんな人間になっていくのだろうと悩む自分探しのまっただ中で、自分でお店をつくり、経営し、さまざまな知識、情報を持っていて、お店にやって来るお客さんを魅了しているこのマスターの存在はとても大きく見えました。

このお店には「見聞を広めておかないとダサい」という、独特の雰囲気がありました。

マスターの人柄と呼応してか、常連のお客さんたちやお店のアルバイトの人たちの中にもいろんなことに詳しい人が多く、マスターがいない日でもこのお店は刺激に満ちていました。とくに芸大の学生やアーテ

「RINO POINT」のバーカウンターとスタッフのマー坊さん

イスト、クリエイターという、これまであまり接したことがなかった人たちからは多くを学びました。自分が生まれ育ち、馴染んできた世界以外のことを知りたいという強い欲求にドライブされて、僕はそこに足を運んでいました。

当時は、楽しくも辛い日々を過ごしていました。文化的にスノッブな人たちに囲まれ、刺激を受ける半面、「そんなことも知らんのか？」と追い立てられる日々でもありました。

22歳でもいっぱしの自尊心は築き上げていて、自分を変えることには及び腰になっていましたが、ここで自分のずっと先を走っている人たちに出会い、歯ぎしりをするような焦りを覚え、これまで大事にしてきた持ち札だけでは通用しないと悟り、文化的な方面にとにかく進んでいこうと決心しました。

レッドツェッペリンの話が出れば「ツェッペリン」と、ゴダールの話が出れば「ゴダール」と、てのひらに書いて帰り、休日に図書館やレンタルＣＤ店に足を運んで一つひとつ調べていました。週に映画のビデオ５本、ＣＤ10枚を借りてきて、自分の引き出しを無理矢理増やしていった時期でした。

変わることに抵抗し続けることも、そのお店に行くのを止めることも出来たはずですが、それでも行き続けたのは、マスターや常連さんたちのようになりたいと強く思ったからでした。一介のサラリーマンとしての人生のレールが目の前にあったことに対する、自分なりの抵抗であったのかも知れません。

マスターは「若い頃には、面白いと思った人にアポも取らずに会いに行った」と話していました。また「35歳までに飛ばないと、一生飛べなくなるぞ」とも。

この時に受けた薫陶により、僕の人生は大きなカーブを描きながら進んでいくことになりました。

自分の中で培ってきたものとは違う価値観を受け入れること、自分がやろうとは思っていなかった挑戦をするというのは、勇気がいることです。

そういう態度の変化は、出会いによって起こります。ロールモデルと呼べる人と出会い、強く影響を受けたことで、僕は自分の枠を拡げていくことができたのだと思い

2015年に開催された「RINO POINT」忘年会でのスナップ

ます。

こういう経験があるからこそ、僕は「場には、人生を変えるほどの力がある」と自信を持って言うことができます。そしてこんな経験をしたからこそ、今度は若い人たちが成長できる場をつくりたい、そう思うようになりました。

人に強く影響を受けること、その人のようになりたいと思い、その人の背中を必死で追いかけること、それこそが次の時代に自分自身が人に影響を与えること、場所をつくるということに繋がってくるはずです。

「場づくり」がしたいと考えている人の中には、その場に関わることで「自分も変わる」ことを想定していない人が多いように思います。ですが、経験上言えるのは、「場には安全地帯はない」ということです。場に力があれば、そこに出入りする人に影響を与えるだけでなく、自分も変わっていきます。そういうものです。

3　社会への入口としてのカフェ――永井宏さんのこと

〝カフェ〟について僕が薫陶を受けたのは、永井宏さんという方でした。

美術作家であり、写真や文章やものづくりのワークショップを続けてきた方であり、喫茶店やカフェについてずっと考えてきた方です。

永井さんは2000年頃から、大阪・北堀江にある「シャムア」で定期的にポエトリー・リーディングのイベントやワークショップを開催していました。

僕は2001年に、フリーペーパー『THE BAG MAGAZINE』で「カフェで謳え！」という特集が組まれた時に、責任編集という形で永井さんに取材し、カフェという場の可能性について伺う機会を得ました。

当時僕は、扇町ミュージアムスクエア（OMS）という、大阪ガスグループが運営する複合文化施設のマネージャーをしていました。企業の社会貢献活動が曲がり角を迎えつつあったこの時期、僕はどうすればOMSを残せるだろうかと日々考えていました。

一方で、まちなかには個人が始める小さなカフェが増えてきていました。そこが飲食空間としてだけではなく、ライブや展覧会や演劇公演のための表現空間としても注目を集めるようになってきていました。

当時、永井さんはこんな風に語っていました。


カフェは、心地よくて、眺めがよくて、同じ趣味の人たちが集まる場所です。

そんな場をつくる時に決め手になるのは、オーナー、マスターの趣味性であり、意識であり、自分たちの文化をその中に満たしているかであり、足を運ぶうちに何かが起こるかもしれないという期待感が持てるかどうか、じゃないかな。

僕は取材を通じて、カフェに新たな文化拠点としての可能性を見いだすようになりました。そしてその3ヶ月後に、「common cafe」の前身である「Common Bar SINGLES」を立ち上げています。

永井さんとはその後、何度かのやり取りをさせていただきましたが、2011年4月、病を得て60歳で旅立たれました。

永井さんがどんな場をつくっておられたのかについて、ここで改めて紹介したいと思います。1951年、東京・世田谷で生まれ育った永井さんは、多摩芸術学園（現・多摩美術大学）で写真を学んだ後、アパレル会社勤務を経て、雑誌『ブルータス』にフリーランスの編集者として参加しました。

当時はバブルが始まりかけていた頃で、時代も新しいものを求めて目まぐるしく動いていました。永井さんは仕事に没頭しながら、世界の先端のカルチャーを吸収、発信していました。しかし業界に身を置くうちに、自身が魅力を感じていた世界が流行軸として消費されていくことに違和感を覚えるようになりました。

永井さんは、著書『カフェ・ジェネレーション TOKYO』の中でこう書いています。

しかし、4、5年もその世界にいるうちに、それまで見つめてきたものが少しずつ、強者と弱者といった社会の原理のなかで分かれ、当たり前のつまらないものばかりが目立つようになり、それが流行として成り立っていくという時代になってしまった。手探りで面白がり、柔らかに積み上げていくことで、より豊かなものになると想い描いていたものが、資本の力で、意識も思想も感じさせない見かけ倒しのようなもので簡単に掃き消され、都合よく作り替えてしまうというのが普通になった。（永井宏『カフェ・ジェネレーション TOKYO』河出書房新社より）

永井さんは87年の春、雑誌の編集の仕事を辞め、その後生まれ親しんだ世田谷から、海や山のある三浦半島の逗子に移り住みました。そして92年に、葉山に「サンライト・ギャラリー」をオープンさせました。

「サンライト・ギャラリー」は、誰でも自由に作品を発表できる場でした。出展者の経歴は不問で、作品の事前審査もなし。ただ、出展したい人が、その人らしい立ち居振る舞いをしているか。それだけを基準に作家を選んでいたそうです。

交通の便が悪い所なので、東京からわざわざ来てくれた人たちをそのまま帰すのも申し訳なく、永井さんは「お茶でも飲みますか」と声をかけていました。そこから喫茶店のマスターと客のような関係性が生まれていたそうです。

サンライト・ギャラリーには、プロのカメラマンやイラストレーターから、スタイリストのアシスタント、アーティストの卵にいたるまで、多彩な才能が集まっていました。その中には、現在鎌倉で「ヴィヴモン・ディモンシュ」を営む堀内隆志さん、逗子で「coya」を営んでいた根本きこさん、フラワー・アーティストのCHAJIN（福田たかゆき）さん、珈琲焙煎人の中川ワニさんらがおられました。

永井さんはサンライト・ギャラリーを4年間運営し、その後は葉山のアトリエで定期的にワークショップを開き、若いメンバーと本づくりに取り組んでいました。

2000年代になると、ワークショップと並行して、ポエトリー・リーディングの活動をスタート。葉山だけでなく、全国を旅するようになりました。

そして大阪では、北堀江の欧州館ビルの4階にひっそりとある雑貨店&カフェの「シャムア」を拠点に活動するようになりました。

「シャムア」のオーナー・松橋恵理さんに、永井さんについて伺いました。

永井さんとは、葉山でのワークショップから生まれた『12 Water Stories Magazine』の発刊記念イベントをシャムアで開催したのをきっかけにおつき合いが始まりました。その後は大阪に毎月お越しいただき、紙や布を使ったものづくりのワークショップや、文章の教室、ポエトリーイベントなどを開催していただきました。

永井さんは、フレンドリーに、誰にでも声をかけていました。いろいろアイデアを持っていた人で、こういうことをしたら面白いという話を、いつもしていました。ワークショップの後には、みんなでごはんを食べに行ったり。お話にリアリティがあり、また敷居が低い方だったので、みんないろんな相談をしていました。永井さんも親身になって、彼らの相談に乗っていました。

永井さんは「誰でもものをつくることができる」という考え方を、多くの人たちに伝えていました。

一日の生活のなかで、人はだれでも何かを選びとり、編集しながら生きている。それと同じように、文章や詩を書いたり、お菓子をつくったり、本やフリーペーパーをつくったりすることは、誰にでもできる。

その考えに共感した人たちが、シャムアに集まり、自然につながっていくようになりました。彼の言葉に意を強くした人たちが、その後カフェを開いたり、小さな出版社をつくったり、料理教室を始めたり、ものづくりをライフワークにしたりするようになりました。

枚方市にある京阪交野線・星ヶ丘駅の改札を抜け、坂道を3分ほど上り、左に曲がったところに「星ヶ丘洋裁学校」と書かれた門柱があります。奥には古びたかわいらしい木造の校舎があり、裏手には広々とした草原と、古い納屋が残されています。

もともと雑貨メーカーに勤めていた玉井恵美子さんは２００２年、この納屋を改装して、サイフォンコーヒーが飲めるカフェを始めました。

その時に相談に乗っていたのは永井さんで、「SEWING TABLE COFFEE（ソーイングテーブルコーヒー）」という名前を付けたのも永井さんでした。

そしてみんなで星ヶ丘に通ううちに、洋裁学校で使われていない古い教室をギャラリーにしよう、という話も持ち上がり、「SEWING GALLERY（ソーイング・ギャラリー）」が誕生しました。ここはシャムアのワークショップに参加していた中島恵雄さんが、運営を担うことになりました。中島さんはその後、「BOOKLORE」という出版社を立ち上げています。

玉井さんには、こんなお話を伺いました。

永井さんは、人が好きで、人が集まる場によく出向いていました。夢を前にして躊躇している人がいたら、「(仕事なら) 辞めたらいい」と背中を押していました。

でも見込みがあると思った人や、本気の目をしている人に対して、永井さんは厳しく、滅多に褒めませんでした。

私の主人は廃材を使って船をつくっていましたが、永井さんから「一年間つくってみ」と言われ、産みの苦しみを味わいながら毎日つくり続けていました。

永井さんは、自分自身にも厳しい人でした。

洋裁学校裏の納屋を喫茶店にした「ソーイングテーブルコーヒー」

亡くなられたあと、みんなでアトリエを片付けに行ったら、ものすごい量の作品が出てきました。「一つの作品を仕上げるには、100個の作品をつくらないといけない」永井さんはそう言っていましたが、本当につくっていたんですね。

永井さんは、カフェを続けていく人たちが味わう苦しさも、よく知っておられました。永井さんの著書『カフェ・ジェネレーションTOKYO』の中に、「線路ぎわ」という、鎌倉駅のホームのそばの細い道に沿った、手づくりの小さな喫茶店の話が出てきます。

友人から勧められてお店を始めたマスターは、近所の仲間と一緒に、5人も座れば一杯になる、掘立て小屋のような店を造りました。お店には学生、スチュワーデス、スタイリスト、編集者、カメラマンといった地元の常連が集い、音楽を聴いたり、本を読んだり、マスターと話したりと、気楽で何気ない雰囲気を楽しんでいました。永井さんは2週間に一回ぐらいのペースで、東京から電車を乗り継いでこのお店に通い、新しい人たちとの出会いに刺激を受けていました。

永井さんは、当時の「線路ぎわ」のことを次のように綴っています。

僕はそこでいままで知らなかった新しいひとたちと出会ったような気がした。東京でそれまで付き合っていた仲間とは違い、地元意識が強く、何か新しいことをみんなで生み出していこうというようなエネルギーがあった。サーフィンやスケートボード、フリスビーで遊び、ときどきみんなで体育館を借りバスケット・ボールをやっているような仲間はいままで僕のまわりにはいなかったし、当時トレンディな職業のひとたちや、そのファッションも含め、湘南の先進的な文化みたいなものを強く意識させた。

（中略）みんな湘南育ちだから、そのイメージや結束力は固く、湘南から何かを発信していきたいという願望がいつも気持ちの中にあった。（中略）僕は余所者だったが、それでも湘南の片隅で何か起こるかもしれないという期待もあって、彼らの話に耳を傾けていた。（永井宏『カフェ・ジェネレーション TOKYO』河出書房新社より）

半年ぐらいして、永井さんはこのお店に通うのをやめてしまいます。鎌倉で何かを始めようとしていた常連たちは、結局何も始められないまま、自分の仕事を探し出したりして、バラバラになっていきました。永井さんはそのうちアルバイトを始めてお金を貯め、インドへと旅に出ます。

線路ぎわはそれでも変わることなく続いていた。インドの旅から帰ってきて、半年振りぐらいに店に顔を出したら、マスターは以前と同じように静かに本を読みながら、カウンターのなかにいた。「久しぶり」と声を掛けると、マスターも「久しぶりだね」と声を返したが、元気の良い声ではなかった。店にいた客もなんだか以前と変わったように思えた。近所のひとたちが集まっているというよりも、鎌倉に観光に来た若いひとたちといった印象だった。

マスターが店を開いてから、まだ2年しか経っていなかったが、僕を含めみんなの時代は急速に変わっていった。年齢的に学生だった頃とは違う、人生のいろいろなことが始まろうとしていた時期だったから、それぞれがそれぞれの方向に進もうとするのは自然の成り行きだった。それだけに、マスターは寂しかったのかもしれない。ぶらぶらしていた仲間の誰よりも一番最初に外に出ていながら、そこから先には出ていけないというジレンマがあったのだと思う。

数年後には、線路ぎわはなくなって、その掘っ立て小屋のような店はやがて建て直され、僕の知っていたひとたちとは違う仲間の集まるような、新しい喫茶店に生まれ変わっていた。（永井宏『カフェ・ジェネレーション TOKYO』河出書房新社より）

1999年に発刊した『12 Water Stories Magazine』の第1号の中に収録されている、当時カフェを営んでいた方のエッセイの中には、こんな一文が出てきます。

カフェの仕事は同じことの繰り返しで、いつも同じ時間に、同じ場所にいて、同じ笑顔をする。それが苦しい。（『12 Water Stories Magazine』第1号より）

永井さんは、そんな人たちに、「ものをつくる」ことを教えました。

僕がモノをつくることを薦めるのは、作ることで身の回りを発見できるから。身の回りを意識できれば、お金や仕事に大きく依存しないで、幸せを感じることができる。（朝日新聞デジタル「葉山からはじまる」〈48〉「人を組み合わせる天才」が残したDNA http://www.asahi.com/and_w/life/TKY201402130048.html より）

永井さんは、自分が今いる場所、そこにある日々の生活の中に〝小さな豊かな生活〟を見いだすことの喜びを伝え、その上で「あなたはその場所にどう居続けるのか？」そう問いかけていたような気がします。

「シャムア」は、今年で20周年を迎えます。

松橋さんの息子さんの陸君は、いま4歳。出産のときに、松橋さんは20日間だけお店を休みましたが、その後は陸君と一緒の時間を、この場所で過ごしてきました。お店でお勘定をしようとすると、陸君がトコトコとやって来て、お金を受けとってくれます。

店内では今もフランス語やコーヒーの講座が開催されていて、講師の方を中心に人のつながりが生まれています。松橋さんは、このお店にいつもいて、そこで起こる日々の光景を眺め続けています。

松橋さんには、こんなお話を伺いました。

北堀江・欧州館の４階でひっそりと営業している「シャムア」

シャムアには、出産、子育ても一段落して、自分の人生を再構築していきたい人や、まだ結婚していなくて、まだ模索している人も来られます。そんな人たちの相談ごと、心配ごとを聞くこともあります。

永井さんが一番大事にしていたのが、人と人とのつながりでした。私自身が永井さんにしてもらったことを、そんな形でみんなに返していければと思っています。

永井さんは、喫茶店やカフェを、自分たちが憧れる「文化の入口」だと考えていました。少し背伸びしながらでもそこに出入りすることで、文化を吸収することができる。その先には、今度は自分たちが何かを表現することができる、そのための場がカフェである、そう考えていました。

永井さんは『カフェ・ジェネレーション TOKYO』の中で、こう綴っています。

かつて僕らが憧れ通い続けた喫茶店は、僕らにとっての文化の入り口だった。そこは閉ざされた場であったと同時に公共の場としても機能し、地域や、同好の士が社会とつながるための点であり中心だった。そこから少しずつ社会を覗き、外に出て行くという柔らかいクッションでもあったのだ。

だが、情報や社会の動きが早まるにつれ、そうしたクッションの必要のない世界になってしまった。

だが、いま、やっと元に戻り、個人個人の生き方を見つめるうえでの喫茶店＝カフェが必要になってきた。喫茶をすることで、流れる時間や人々の生活や意識を知り、自分を思い描くということが、優しい眼差しを育んでいくことは間違いない。

そして、それこそが、これからの時代をどう考え、生きていくかということに慎重に対処するひとつの方法なのだ。喫茶はゆるやかな時間を持つことのできる唯一の都市的な文化として、ようやく定着する時代になってきたと思う。（永井宏『カフェ・ジェネレーション TOKYO』河出書房新社より）

喫茶という行為の意味、喫茶のための場がたたえる美意識や価値観を永井さんから学んだ人たちは、今もそれぞれの場所を輝かせ続けています。

4　不思議に人がつながっていく場――Common Bar SINGLES

僕自身は2001年5月に、日替わりマスター制のバーを始めました。

場所は大阪市北区堂山町、大阪駅から徒歩12分のところで、阪急東通商店街の奥の、歓楽街の中の雑居ビルの2階にあります。カウンターのみ12席の小じんまりした空間です。

当時僕は扇町ミュージアムスクエア（ＯＭＳ）のマネージャーをしていましたが、前年に「扇町 Talkin'About」というサロン企画を、扇町界隈のバーやカフェ、ギャラリーなど10ヶ所で始めていました。その会場の1つとして参加いただいていたのが「Bar SINGLES」でした。「Bar SINGLES」はもともと音楽好きが集まるバーで、僕も常連として通っていました。集まっていたのは20代、30代のサラリーマンやＯＬが中心で、音楽を通じて美意識や価値観を共有した仲間が集まりつながっている、そんな場所でした。

シングルズには、「扇町キャンプ」という伝統のイベントがありました。自分の好きな音源と食べ物を持って扇町公園の丘の上に集まり、昼過ぎから夜までユルユルとお酒を飲んでいるというイベントで、毎回数十人が集まり、さながらヒッピーの集会のような趣きで、自由に生き、価値観の合う人たちとつながり、明日を、人生を、少し前向きに捉えられる、そんな場になっていました。

そんなシングルズが閉店することになった時に、どうにかこの空間と人のつながりを残したいと思い、そのための方法として思いついたのが「日替わりマスター」というシクミでした。

劇場という空間では、日々役者が舞台の上に立ってお客さんを迎えます。それと同じように、バーのカウンターに立つマスターを、役者だと考えたのです。そして多少のリスクは負ってでも、カウンターという舞台に立ちたいという有志を募ったところ、40人も集まったことで、「Common Bar SINGLES」は起動しました。

マスターとして名乗りを上げたのは、ライブハウスのブッキングマネージャー、映画館支配人、フリーペーパー編集者、美術家、写真家、学生など、様々なバックグラウンドを持った方々でした。通常のバー営業だけでなく、イラストレーターが作品を展示したり、サラリーマンが一晩中レコードをかけていたり、ラテン系の人たちが集まったり、演劇関係者が集まったり、十数人だけお客さんを入れてライブを開催したりしていました。一見客がそんなにやってこない環境で、一人一人が自分のやりたいことを試す場になっていました。

このように、苦肉の策として思いついたシステムによって、シングルズの空間は残ることになりました。それとともに僕自身も、会社を辞めることなく、月に1回はバーのマスターになるという夢を果たしました。

店主に求めていた要件は「バーのマスターとして、お酒をつくる技術を身につけて、きちんとお客さんに応対してください」ということだけだったのですが、希望者のほとんどがバーテンダー経験を持っていなかったため、新人が店に足を運んで先輩に教わる、ということがよく起こっていました。そしてマスターたちは「他の日にはどんな人がいるんだろう?」という期待感を持って、シングルズに集まるようになりました。

当時のシングルズは、音楽・アート・演劇など、さまざまな文化的ジャンルに関心を持つ20代、30代が集う文化の解放区になっていました。それぞれのマスターは、自分のやりたいことをお店に持ち込み、マスターに呼応する人たちが集い、自然につながっていく場になっていました。カウンターが「くの字」型をしていて、マスターを介して知らない人同士が話しやすい構造だったことも、コミュニケーションを活発にするのに一役買っていたようです。

僕がシングルズを運営していたのは3年半で、その間にマスターとして立った人は160人ほどでしたが、僕が把握している

「Common Bar SINGLES」のカウンターは、人と人との距離を縮める

限り、そのうち6組12人が結婚しています。運営の目的はあくまで空間の維持であり、出会いの場づくりを目指していたわけではなかったのですが……。

一方で、シングルズは、多くの人たちが卒業していった場でもありました。期待感を持って足を運び、そこで大事なつながりを得た人たちは、いつまでもこの場所に出入りする必要はなくなります。

男女の出会いが分かりやすいですが、パートナーと出会った後には、普通は出会いの場には足を運ばなくなります。また立身出世のきっかけや仕事を与えてくれる人との出会いも、それが叶った後には、場に出向く必要はなくなります。

また、若い人たちには、人生における新たな局面が次々にやって来ます。就職したり、転勤になったり、仕事が忙しくなったり、結婚したりというタイミングで、お店に入らなくなる人たちも、たくさんいました。

多くの若い人たちにとっては、出会い、つながることのできる場が必要なのは、人生の一時期なのだということに、お店を運営するうちに気づいていきました。そして場を続けるということは、自分はそこに留まりながら、多くの人たちを見送り、新たにそこにやって来る人たちと出会い続ける、そういう営みなのだということに。

２００４年4月にコモンカフェを始めた後、僕は一時期、本業を持ちながら2店舗を運営していました。さすがに無理があったので、11月末でシングルズをコモンカフェに統合しようとしていたのですが、それまでマスターを務めてきたメンバーが、これまでの思い出の詰まった自分たちの空間を維持していくという決断をしました。そして僕はシングルズの運営から離れ、「Common Bar SINGLES」は続いていきました。

あれから11年以上が経ちますが、「Common Bar SINGLES」は今も、有志のマスターが運営する日替わりマスター制のお店として続いています。僕から運営を引き継いだグループは数年後に解散しましたが、その後新たなグループに引き継がれ、今に至っています。

僕は最近は年に何度か、お店に顔を出しています。マスターからの「よく来られるんですか？」「フェイスブックで見られたんですか？」という質問に「ええ、まあ」と答えているのですが、大抵はお客さんの誰かが僕のことを知っていて、バレてしまいます。

「Common Bar SINGLES」では、月に5日以上の空き日ができたら閉店するというルールが今も生きていて、新たなマスターを随時募集しています。

投資家が集まるバー、脱出ゲームを行なうバー、即興で文章を書くバー、ボードゲームを楽しむバーなど、自分がやりたいと思ったらすぐ企画にしてしまうというコモンバー・シングルズの伝統も、今もそのまま引き継がれているようです。

現在代表を務めるクロさんは、こう語っていました。

シングルズに関わり始めて、もう7、8年になりますが、いつまでも楽しいです。そしていつまでも新しい人と出会い続けたいと思っています。

ここでみんなが飲みながら話していて、次の企画がまとまっていくのを見るのが大好きなんです。

続けられる限り、今のシクミのままで続けていきたいと思っています。

今では完全に歓楽街となっている堂山町の一角にあるこの空間は、常にその空間に関わった誰かの強い思いによって残されてきた、とても幸せな空間です。

5　試し打ちのための場——common cafe

僕は2004年には「common cafe」を始めました。

ここも日替わり店主のシクミを活かしたお店で、広さは約20坪。昼間から営業し、昼と夜の時間帯でも、店主は入れ替わります。

場所は大阪・キタの中崎町。大阪駅から徒歩12分ほどの場所にありながら、戦災を免れた街並みが残され、古民家を活用したカフェやギャラリーや洋服屋などが数多く立ち並ぶ町の一角にあります。都島通り沿いにあるビルの地下1階の、以前は喫茶店や陶芸教室などに使われていた場所を改修して、カウンター席4席、テーブル席24席を備えた空間になっています。

このお店をつくったのは、個人レベルで扇町ミュージアムスクエア（ＯＭＳ）をもう一度つくりたい、という思いからでした。カフェにも、バーにも、劇場にも、映画館にも、ライブハウスにも、雑貨店にも、ギャラリーにもなる場所。ここをさまざまな活動のための場として使いこなしてくれる人たちが増えれば、企業や行政の支えなく表現空間が維持できる、そう考えてのことでした。

運営に関わってくれたのは、ゆくゆくカフェを開業したいと考えている人たちや、表現上の実験を重ねたい、お客さんとの距離が近い場所で作品を伝えたい、コミュニケーションを図りたいと考えるアーティストたちでした。演劇公演、音楽ライブ、アート作品の展示、一日雑貨店、映像上映会、トークイベント、ワークショップ、料理教室など、幅広い活動の場として使っていただき、毎日が文化祭のような場所になっています。

自主管理ゆえに安価で使える表現空間であること、週1回、月1回のペースで無理なく自分のお店が持てる場所であることに価値を見出し、お店に関わってくれる人たちが居続けてくれることで、オープンしてからもう12年になりますが、どうにか今も継続しています。

コモンカフェのミッションは「実験劇場であること」です。

店主たちがやりたいことを試し、それを受け入れてくれる人を増やしたり、お客さんの反応を見ながら軌道修正をしたりしながら、自分の夢に向かって進んでいく場所、活動を通じて人が自然につながっていく場所でありたいと思っています。

実験劇場としてのカフェは、一種のインキュベーションです。

店主や表現者にアドバイスをしたり、出会うべき人や活用できる制度を紹介したりすることで、彼らの成長を見守り、彼らの発展をともに喜び合うことができる、意義とやりがいのある日々を、そこでは過ごすことができます。

一方で逆説的ですが、インキュベーションにおいては、何者かになりたい人との関

地下にあるけれど、天井が高く、開放感のある「common cafe」の空間

わりは、そんなに長くは続きません。さらなる高みを目指したい人たちは、すぐに次のステージに進んでいくからです。場からの卒業は、「人が成長する場」の宿命としてあります。

そして場をつくる人は、その場に留まり続け、新たにやって来る人たちとのセッションを始めることになります。

が、関わった人たちとのやり取りを通じて、店主も次にやりたいこと、やるべきことが見えてくることがあります。その結果、場をつくっている人自身が、そこから卒業していくということも起こり得ます。

僕自身が、経験から感じたことをお話しします。

僕は本業では、OMSという文化施設で、芸術の才能を育てる仕事をしていました。OMS閉館後は、大阪市経済戦略局が設置した「メビック扇町」というインキュベーション施設を立ち上げ、クリエイターを育てる仕事に就きました。そしてその間、2001年には Common Bar SINGLESを、2004年に common cafe を始めました。

つまり僕は、シクミをつくり支えて、才能を世に出すという営みにずっと携わっていたのですが、コモンカフェを始めて7年ほど経った時に、軽いゲシュタルト崩壊のような状態になりました。「あ」という文字を書き続けていると、何を書いているのか分からなくなるという、あれです。自分が何のために場づくりをやっているのかが、分からなくなったのです。

お店は、日々賑わっていました。いろんな人たちがやって来て、そこで自分たちのやりたいことを試し、いろんな人と出会っていました。

一方で、コモンカフェを立ち上げ、維持していくのに、僕はお金や、労力や、時間をずいぶん費やしてきました。そしてそれは、これからもずっと続くだろう。

そう思った時に、この活動の意味を、改めて求めたのだと思います。

それとともに、長らく「自分を留守にしていた」という実感を持つようになりました。人を支援し、鼓舞し、成長させようとするばかりで、自分が成長すること、自分のナカミを充実させることをおろそかにしてしまっていた、と。

その後僕は、自分から外に出ていくこと、自分も何かをつくり出す人になることを、今まで以上に意識するようになりました。永井さんが「ものをつくる」ことを勧めていたことの意味が、僕にもようやく分かってきました。

また、自分ひとりで場を切り盛りしようとするのではなく、積極的にお店に関わってくれている人たちの力を借りて、みんなでお店を支えていくように、いくらかのシクミを変えました。

おかげさまで、コモンカフェは、今年12周年を迎えることができました。

最近では、「何者かになりたい」若者たちのための場所は、カフェだけでなく、ゲストハウスや、シェアルーム、コワーキングスペースなどにも引き継がれて今に至っています。そこではさまざまな人たちが日々集まり、出会いやつながりが生まれ、何事かが起こっているはずです。

そうした場所には、居合わせた人たちとの恩寵の時間を共有できる幸せがあり、それとともに、場に関わる人の成長とともに移ろう可能性も孕んでいます。

場所を立ち上げ、運営していく間に訪れる「モチベーション・クライシス」にいかに対処するか。それが、「成長する場としてのカフェ」を長く続けていく上でのポイントだと、僕は思っています。

3

他者とつながる場としてのカフェ

1 〝まちづくり〟と〝まちあそび〟——慈憲一さんの実践

common cafe を始めてしばらくすると、まちづくりの新たな成功事例として紹介いただく機会が増えました。そして「日替わり店主カフェ」「シェアカフェ」というシクミは、その後ずいぶん世の中に広まりました。

評価いただけるのはありがたかったのですが、僕はコモンカフェを、まちづくりを目的に運営しているわけではありませんでした。「まちづくりですね」「コミュニティカフェですね」と言われたら、「滅相もありません」と、首をブルブル横に振っていました。

コモンカフェはあくまでプライベートで運営している場ですが、店主たちの自己実現を支え、さまざまな人が集う場にもなっていることから、いくらかの公共性を帯びた存在である、とは思っています。

ただし、ここで形にしているのは「テーマ・コミュニティ」、つまり、同じような趣味、嗜好、考え方の人たちが集い、つながる場所です。

これが、「地域のため」「社会のため」という看板を掲げるとなると、まったく意味合いが変わります。背負うものの重たさが違ってくるのです。

公共施設では、基本的に来た人を拒むことができません。また地域課題の解決に対しても、何らかの貢献が求められます。民営施設であっても、補助金など、公的な支援を受けて運営している場合は同じです。

コモンカフェで店主たちが取り組んでいることは、あくまでも「自分たちのやりたいこと」です。だからこそ、リスクを負って、自分たちの時間を使って取り組めるのですが、公器を担うこと、「〜ねばならない」という領域に足を踏み出していくことは、まだまだ時期尚早だと考えていたのです。

日本語の「公共」という言葉はもともと、「公＝おおやけ、お上」と「共＝協働」という2つの意味合いを持っています。コモンカフェで目指していたのはあくまでも「共」であり、自分たちが仲間だと思える人たちによる「共助」のシクミとしてイメージしていたのです。

ただ、そんな風に「やりたいこと」を追求できたのは、コモンカフェが大阪駅から徒歩で行ける好立地にあったからでした。都市には多様な人たちが集まっているので、多少エッジの効いたことをやっていても、それを受け止めてくれる人たちが存在しています。

ですが、ローカルエリアに場をつくろうという時には、やりたいことだけをそこに持ち込むだけでは成立しません。「六甲山カフェ」というプロジェクトに関わったことで、僕はそのことに気づきました。

六甲山カフェプロジェクトとは、「六甲山にカフェを持ち込もう」という呼びかけのもと、コモンカフェの有志が、芦屋ロックガーデン麓にある大谷茶屋の軒先をお借りしてカフェ運営を行なうというものでした。２００８年春からは茶屋の運営をお手伝いする形で、週末のみの常設店舗での営業をスタート。２００９年秋からは、コモンカフェのように複数の店主が運営する形になりました。

大谷茶屋は、１９３４年（昭和９年）に開業しています。六甲山頂への登山口にあたる高座の滝のすぐ前にあり、昔から多くの人たちに愛されてきた場所です。

そのため、ここでカフェを開くと、昔ながらの登山客のお客さんと、カフェを目当てにやって来る新しいお客さんとが入り交じる空間になります。

ここで場を維持していくためには、「自分たちのやりたいこと」を持ち込むだけではダメで、店主が「傾聴する」という姿勢を持ち、「山の人たちにとっての場」をつくるという意識に変わっていくことが必要でした。

コモンカフェが〝ホーム〟だとすれば、ここは〝アウェー〟だったのです。

六甲山カフェプロジェクトでは、２００５年11月に「リュックサックマーケット」というイベントを大谷茶屋の前で開催しました。これは「自分にはいらなくなったもの、譲ってもいいものを持ち寄る、出店料も予約もいらないフリーマーケット」です。当日には40組ほどが集まり、洋服、本、CD、野菜、スウィーツ、手づくり品などを持ち寄っていただき、あわせて音楽ライブなども行ないました。

茶屋の前の狭いスペースでひしめき合うように出店いただいたことで、山の人からは「非常識だ」というお叱りもいただきましたが、出店者がゆるやかにつながっていく楽しいイベントになりました。

この「リュックサックマーケット」を摩耶山上でもやりたいという相談を、その後、慈《うつみ》憲一《けんいち》さんから受けました。慈さんはデザイン事務所を経営するかたわら、「naddist」という、〝灘愛〟をテーマにした

「リュックサックマーケット」出店者は掬星台《きくせいだい》の広場に思い思いに店を広げる

メールマガジンを発行し、神戸市灘区を盛り上げるイベントを矢継ぎ早に繰り出しておられました。「リュック」もその一環として、継続的に開催したいというお話でした。

そして2006年2月に、第1回が実現しました。その時の参加者は8組だったそうですが、慈さんはその後も毎月第3土曜日に、摩耶山掬星台《きくせいだい》で開催し続けました。新聞、雑誌、テレビで紹介されたことで、リュックサックマーケットは次第に有名になり、一時期は200組がケーブル・ロープウェイを乗り継いで来場するところまで成長しました。そして16年には、摩耶山リュックサックマーケットは10周年を迎えています。

慈さんは自身の活動を、「まちづくり」ではなく「まちあそび」と呼んでいます。

僕が生まれ育ったのは神戸市灘区です。大学で東京に出て、その後インテリアデザイナーとして働いていましたが、阪神・淡路大震災を機に灘区に戻り、復興支援という形で〝まちづくり〟に携わるようになりました。

当時は味泥《みどろ》復興委員会の立場で、高層マンションができるにあたっての、住民側の窓口を担当していました。当時(1996年~2000年頃)のまちづくりの人たちは、使命感があったのか、自己犠牲的なところがありました。仕事が終わった後に集まっての話し合いでは、ケンカが起こったり、疲れ果てていく人を目の当たりにしました。

その頃のことがトラウマになっていて、その後は純粋に地域での活動を楽しもうという方向に進みました。そして自分が行う活動を「まちあそび」と呼ぶようになりました。

慈さんは1997年に灘愛をテーマにしたフリーペーパー「naddism」を立ち上げ、1999年にはメールマガジン「naddist」にシフトし、神戸を離れた人たちなどに向けて灘区の状況やまちの楽しみを伝えるようになりました。読者は千人以上。2006年にはグローカルサイト「ナダタマ」を立ち上げました。

また摩耶山リュックサックマーケット、神戸マラソンと同日に開催する「東神戸マ

慈憲一さん。摩耶山上の「monte702」にて

ラソン」、六甲縦走キャノンボールランなど、灘イベントを精力的に開催しておられます。

まちづくりには、「まちの魅力の発見・発信」という、楽しみながら取り組める要素と、「合意形成」「利害調整」という、ゴリゴリと進めていかなければいけない要素とがあります。特に後者を義務感から行なっていると、どうしても疲弊してきます。慈さんは、まちづくりの領域から一時撤退し、地元・灘区を盛り上げる活動にシフトしていきました。

しかしながら、摩耶山リュックがすっかり定着した2010年に、突如摩耶ケーブル・ロープウェイ廃止の話が持ち上がりました。運営主体の神戸市都市整備公社（現・神戸すまいまちづくり公社）が年間1億円の赤字を抱える状態となり、時の神戸市長がメディアを通じて公社の経営撤退を宣言したのです。

慈さんはこの時、リュックサックマーケット参加者や地縁団体とともに「摩耶山再生の会」を組織し、精力的に市役所に働きかけました。その結果、2011年にケーブルの存続が決定。現在、ケーブル・ロープウェイの資産は神戸市が保有し、「摩耶山再生の会」は市と協働して摩耶山エリアの活性化を担っています。

摩耶ケーブル・ロープウェイが廃止の方向で動いていた時に、婦人会、摩耶山を守ろう会、登山会など、既存の地縁団体を中心に「摩耶山再生の会」を立ち上げました。そして「私たちで盛り上げるので何とかしてください」と訴えました。その声が当時の市長に届いて、「そんなに言ってくれるのなら残しましょう」となったのです。

灘区には、摩耶ケーブルは意地で残したいと思っている人が、とても多かったのです。でも実際はみんなは乗らないので、乗ってもらうためのシクミ、山へ行くためのハードルを下げるためのシクミを、神戸市と一緒につくりました。

既存の地縁団体を、おろそかにしないというのが僕のポリシーです。若い人は、その辺をすっ飛ばしてやろうとするけれど、僕は一緒にやるのが好きです。婦人会の方々はすごいネットワークを持っていて、たとえば、僕らがつくっている「マヤ暦」というイベントカレンダーを全戸配布してくれるのです。逆に彼女たちのイベントを僕らが手伝ったりすることもあります。実は市長まで提案を持っていけたのも、婦人会さんの力が強かったのです。

慈さんは、摩耶山の活性化を図るため、様々な取り組みを進めました。

まず、摩耶ケーブルまでのアクセスを向上させるため、「坂バス」の運行社会実験を実施し、２０１３年にには認可を受け、路線を開通させました。

また山上にある「星の駅」の駅舎内に「摩耶ビューテラス７０２」を神戸市とともにオープ

ン。アウトドアグッズのレンタルショップ「monte702」を運営しつつ、「マヤカツ」と称してブックカフェ、ウクレレ教室、料理教室、クラフト教室、山ヨガ、星カフェなど、様々なイベントや活動のコーディネートをしています。

摩耶山で僕がやっていることは、場をつくるというより、場を使いやすく整えることです。市から場所を借りる手続きを僕らが行なったり、市民活動を募集して山上エリアを使ってもらえるような仕掛けをつくったりすることで、市民の人が山の上で遊べる環境をつくっているのです。

摩耶山上・星の駅にあるレンタルショップ「monte702」

ナディストとか言って、好き勝手に遊んでいた以前の活動と比べると、目標をつくってそこに向かって進んでいく今の動き方は、まちづくりっぽいと思うこともあります。でも、それはそれで面白いと最近は感じています。

改めて、リュックサックマーケットについて伺いました。

2006年に始めて、もう10年になりますが、不思議と飽きないですね。毎回初めて参加する人が3割ぐらいいます。一方で、ここでしか会わない人たちが、月1回ここで会うのを楽しみに上がってきています。

出店者は、今は100組、多くて120〜130組ぐらいです。こういう手づくり市的なイベントが増えてきたので、分散してきたのか、落ち着いてきています。これぐらいがちょうどいいですね。

主催者がガムシャラに場をつくるんじゃなく、ほったらかしにしておくと、場ができてしまいます。山に上がるというフィルターがあるからだと思いますが、街よりもいい形で場ができるのが、山のすごいところです。街でやると、異分子が入ったりして、こうはなりません。

慈さんの軌跡を見ていると、いったん「まちあそび」活動に特化し、そこで自発的な市民とのインフォーマルなつながりを充実させたことが、「まちづくり」活動の広がりを生んでいる、ということに気づきます。

参加する人たちが面白がって参加し、関わりを深めていく中で、個人としての楽しみから、みんなの楽しみ、みんなのためになることへと意識が成長し、公共的な領域に地続きのものとして進んでいくことができるように思えます。

2　子どもたちでつながる場――r3（アールサン）

ＪＲ新長田駅から南に徒歩10分程のところにある六間道《ろっけんみち》商店街。

臨海部の重工業地帯に近かったこと、ケミカルシューズの工場や卸店舗、倉庫などが集積していたことから発展し、かつては肩がぶつかるほどの人が歩いていたそうです。しかしながら阪神・淡路大震災により駅南地区が壊滅的な被害を受け、人口流出が進んだことで、この商店街でも空き店舗が増加しています。

２０１５年５月、この商店街の空き店舗を改修して「r3（アールサン）」が誕生しました。立ち上げたのは、合田昌宏さん・三奈子さんご夫妻です。

空間は奥に長い長方形で、入口側はカフェ、奥は板間になっています。カフェは週4日、日替わり店主が運営しており、板間のスペースでは体操教室、ベビーマッサージ&リトミック教室、親子フィットネス、ピアノ教室、少人数塾など、さまざまな形で活用されています。

お二人に、この空間を立ち上げた経緯と想いを伺いました。

（三奈子さん）

もともと実業団でバレーボールをやっていました。長男が生まれてからは、子連れでフィットネスのインストラクターをしたり、高齢者施設で体操教室をしたりという働き方を

神戸市長田区・六間道商店街にある「r3（アールサン）」

するようになりましたが、２０１2年にＮＰＯ法人「ママの働き方応援隊」が「赤ちゃん先生プロジェクト」を本格始動させるに当たり、子連れで関われる人を探していたので、これまでの経験をすべて生かせると思い参画しました。ちょうど第3子を産んで3ヶ月だったので、自らロールモデルとなりプログラムをつくってきました。

赤ちゃん先生プロジェクトとは、0歳から3歳くらいまでの小さな子どもと母親がペアになり、学校や高齢者施設で「命の授業」を行うというものです。小・中学校では命の偉大さを、高校・大学では結婚、出産を踏まえたキャリアデザインを伝え、高齢施設では子どもと接することで、夢や生きがいを持つきっかけとなり、元気になっていただいています。

このプロジェクトが目指しているのは、赤ちゃんと一緒に働ける仕事をつくることです。産休・育休が取りにくい、保育園に入所できない、子どもが熱を出すと出社できないなど、日本での育児をめぐる環境はまだまだ厳しく、働く女性の6割が出産を機に職場を去るという現状があります。「ママの働き方応援隊」では、雇われるのではなく、自分たちの仕事をつくっていく取り組みを、どんどん増やしていきたいと思っています。

14年には、六間道5丁目にあった子育て支援ＮＰＯのスペースを引き継ぎ「wina（ワイナ）の森」を始めました。ここに来ればだれかに会えるリアルの場をつくりたかったというのが動機です。ママさんたちだけでなく、クリエイター、デザイナーなど、面白い取り組み、才能を持っている知り合いもたくさんいたので、その人たちをつなぐことができればと思っていました。

「wina の森」では、日替わり店主のカフェを中心に、子育て世代が集まるイベントを開催していました。予想以上に人が集まるようになったことから、そばの空き店舗を借りて、実験的に「健康 wina（週替わりの健康サロン）」「寺子屋 wina（教室・遊び場スペース）」も運営するようになりました。

そして契約が切れるタイミングで、

「r3」を運営する合田昌宏さん・三奈子さん夫妻

子どもたちの小学校区内である六間道3丁目の物件に移り、15年5月に「r3」をオープンしました。

(昌宏さん)

本業では、リノベーションを中心とした建築設計の仕事をしています。

r3を設計する時には、図面を先に引くのではなくて、まずお店に置きたいものを見つけてきて、そこから空間をつくるというつくり方をしました。店の真ん中には吉野まで行って買ってきた樹木の形のままの木を据え、集めてきたリユースの素材で内装をつくりました。テーブルには卓球台を、棚やカウンターには古い足場板を、キッチンの流し台には大きな金たらいを使い、照明器具は古いクーラーの部品だった素材に空きビンを挿してつくっています。そしてr3の名前はrokkenmichi・reuse・renovationの3つの〝r〟から取っています。

最初にいろんな人に意見を聞いたのですが、その時に出てきたのは「ウォシュレットが欲しい、バリアフリーがいい、間仕切りが欲しい」といった要望で、その通りにするとどこにでもある空間になってしまうと思ったので、聞いた意見をすべて無視しました。使う人には、段差をどう使うか、間仕切りなしでどうやって視線を防げるかなど、この場所に合わせて工夫していただきながら、ここでしかできないことを見つけて使ってもらっています。

（三奈子さん）

r3は子育てに特化した場所ではなく、地域を巻き込んだ多世代のための場であることを意識しています。

午前中には、幼児を対象にリトミック、ベビーマッサージの教室が開かれたり、子連れママが会議をしたりしています。

昼前になると日替わり店主がお店に入り、近所のおばあちゃん、仕事中のサラリーマン、子育て中のママが食事に来られます。

「r3」店内風景。真ん中にある木がお店の顔になっている

昼過ぎには、幼稚園、小学校低学年、中学年の子どもたちが順番に帰ってきて立ち寄ります。夕方5時に児童館が終わると、ここにやって来て親の帰りを待つ子もいます。奥は子どもたちの寺子屋や塾になり、手前のキッチンはバルになります。

店の前にあるマンションに住んでいるユキさんが、毎日顔を出してくれます。私たちが2人ともいない時には、彼女に「いいちこ」を飲んでもらいながら店番をしてもらっていて、最近は「カウンターレディー」と呼ばれています。娘さんもここがお気に入りで、学童保育の後に遊びに来ています。

僕が行った時には、奥の板間では子どもたちが走り回っていました。次女のカオちゃん（4歳）がユキさんのお湯割りをつくっていたり、7歳のナオちゃん（長女）が「あなた、今日はちょっと飲み過ぎよ」と、ユキさんの娘さんに言っていたりしたのには、ちょっとたまげました。

いい場所では、多くの人がそこを「自分の場所」だと思っています。

r3はこんな風に、地域に暮らすさまざまな人の居場所になっているようです。

（三奈子さん）

実を言うと、以前はつながりというものを面倒に感じていました。変わったのは、子どもが生まれてからです。

子どもは、放っておいても人と人とをつなげる存在です。だから、親になるとつながりから逃げられなくなります。じゃあ、もっと積極的につながっていこうと、考え方を180度切り替えたのです。

今年5月には第4子が生まれるのですが、やりたいと思っていることはいっぱいあります。町をキャンパスにした「こどもまちおこし起業塾」、路地裏に畑をつくって「路地裏農業」、産後のママをメンタル面で支える「産後ケアハウス」、また介護の仕組みもつくろうと考えています。

界隈では高齢化が進んでいます。もっと若い人たちに移住してきてほしいですし、将来的には、長田で生まれ育った子供たちにまた帰ってきてほしいと思っています。そのためにも、この町でしか出来ない事を増やしていきたいと思っています。

3 場の文化を育む場——芝の家

1年前に、関東方面のコミュニティカフェめぐりをしていたのですが、コンセプトは立派なのに、場づくりの意識が行き届いていない所が多く、辟易していた時に足を踏み入れたのが

「芝の家」でした。

芝の家は、ＪＲ山の手線田町駅から北に10分ほど行った住宅街の中にひっそりと佇んでいます。中は板間になっていて、テーブル・ソファ・座布団・ピアノなどが置かれ、縁側も設けられています。コーヒーはセルフサービスで１００円、駄菓子なども売られています。通りに向けて開かれた、風通しのいい空間です。

僕は入口近くの縁側席に座りました。するとすぐに、隣に座っていた方が話しかけてきました。よく来られている方のようで、「ここはこんな場所なんですよ」と、親切に教えて下さいました。そのうちに別の常連さんがやって来て、その方も交えて、また自然に話が始まりました。この場では、居合わせた人同士が話をするのが自然なコミュニケーションの形のようです。奥の方では、子どもたちがコンピューターゲームをしていました。スタッフの方は積極的に会話に加わらず、全体に気を配っているようでした。誰も無理していないのに、場としてきちんと成立している、そんな感じでした。

ここには、その後何度か足を運び、お話を伺っています。

「芝の家」は、東京都港区が慶應義塾大学と協働し、２００８年に設置した場所です。周囲には昔ながらの下町の雰囲気が残されていますが、すぐ隣には大企業のオフィスビルやタワーマンションが立ち並び、近所づきあいが希薄になりつつあるようで、「芝の家」は地域の人のつながりをゆるやかにつくることを目的に運営されています。

火・木は大人からお年寄りまでがゆっくりできる場として、水・金は子どもたちが多く集まる場として、そして土曜日は、老若男女さまざまな人が出入りしてくつろげる場として運営されていますが、実際には来たい人が、来たい時にやって来て、思い思いの時間を過ごす場所になっているようです。

オープン時間は昼12時から午後5時まで（火・木曜は午前11時から午後4時まで）で、お昼時には近くで仕事をされている方がお弁当を持って来たり、コーヒーを飲みに来たりしていて、午後3時頃になると、ここを通学路にしている近所の子どもたち

「芝の家」の前の路地で遊ぶ子どもたち

がやって来ます。

スタッフメンバーは20数名いて、その日その日の当番が2～3人おられます。地域に住む方のアイデアや特技、趣味を活かしたイベントやワークショップ、大学との連携プロジェクト、ここで出会った人たちがはじめた数々の小さい地域活動などを展開しています。

スタッフの加藤亮子さんに、お話を伺いました。


オープンした当時は「何をするところ?」とよく聞かれましたが、だんだん〝居場所〟という言葉で通じるようになってきました。特に東日本大震災以降、人のつながりを重視するようになったことが大きいと思います。

スタッフだけでなく常連さんも、そういう場所だという認識を共有してくれているので、初めての方が来たら声をかけてくれます。慣れている人は、ここの説明をしてくれたり、困った時にはスタッフに振ってくれたりと、半分スタッフのように動いてくれています。

ここでは、縁側のポジションが重要な役割を果たしています。初めてここに来られた方にとっての居場所になったり、外を通りかかった人が中には入らずに、ここに座って話し始めたり。また「ご自由にボックス」を置いて、いらなくなったものを持って来てもらったり、持って帰っていただいり、ということもやっています。

再び訪れた時には、近所で美容院をされている方が、近々に開催される「三田カーニバル」のTシャツを広げて居合わせた人と話し始め、その後ひとしきり身の上話をされたかと思うと、慌ただしく出て行かれました。入れ替わるように3組の子連れのママさんが入ってきて、子どもを寝かせて話し始めました。舞台の場面転換を観ているようでしたが、ここではそれが日常の風景のようです。さまざまな人たちが、ここを自分の居場所として使いこなしているのが伝わってきます。

「ここでは場を整えるために、何かしているのでしょうか？」と聞いてみると、加藤さんはこんなお話をしてくれました。

一日が始まる前と、終わった後にスタッフ間で話し合う時間を持っています。始まる前には、業務連絡や来客の確認のほか、「今どんな気分、どんな状態で、今日一日この場所でどんな風に過ごしたいのか」といったことをシェアしています。終わった後は、その日に起こったことをシェアしています。芝の家でやっているのは人の話を聞くことなのですが、楽しい気持ちになることもあれば、自分だけで抱えるには重たい話を聞くこともあります。また気になったこと、うれしかったことなどを出してみて、一緒に過ごしたメンバーで検証、共有しています。

ここでは来場者がイベントをすることも、スタッフが中でごはんを食べることもあります。スタッフとお客さんとの垣根は低く、スタッフもまた、自分らしく、居たいようにこの場所に居るのです。

こうした日々の積み重ねが、この場の空気感をつくっているようです。

スタッフもここに入ることで、変化していっていると思います。私自身は、外で具合が悪そうにしている人などに声をかけやすくなりました。ここでいろんな人と話すことで、自分の枠が広がっているのだと思います。

「芝の家」のプロジェクトファシリテーターを務める坂倉杏介さんには、こんなお話を伺いました。

地域のつながりや支え合いを取り戻す「昭和の地域力再発見事業」を準備していた港

区芝地区総合支所から「まちに住み働く人たちが交流し、お互いに支えあえるような場をつくりたい」と相談を受け、「芝の家」を立ち上げることになりました。その時、まず最初に「入ってくる人をお客さん扱いするのをやめよう」と思いました。

入った瞬間に役所っぽさが出てしまうと、「私たちにも使わせろ」とか「ムダ使いはやめろ」というように、下から上に物申すような雰囲気になってしまいます。コミュニティの場では、地域の人が自発的に活動することが必要です。

またここでは、できるだけ目的や対象や事業内容を定めないようにし

「芝の家」の縁側に集うご近所さんたち

ました。

コミュニティを相手にするということは、日常のひとつひとつの人間関係そのものを大事にするということです。人ひとりがその人らしくいられて、お互いを尊重していける場所をつくれば、自然に何かが起こってくると思っています。

スタッフと共有する大事なことが、２つあります。

それは「接客をしない」ことと、「仲良しクラブをつくらない」ことです。

普通のお店では来たお客さんに対して「接客」をしますが、決められたルールやマニュアルにのっとった接客では、不確定要素を狭めてしまいます。

この場所では、誰が来るか、何が起こるかは分かりません。そこで起こることをせき止めずに、伴走し、きちんとつなげていくのがスタッフの役割です。

またスタッフは、知らない人よりも知り合いがいる方が安心して、知らない人を面倒に感じるようになります。そうなると、場が閉じていきます。そうならないように、気をつけています。

一日の始めと終わりに話をしているのは、とても大事なことです。

芝の家がオープンする時に、最初の空気をつくるのはスタッフです。

人は、場の空気を察知します。そこにいる人たちがリラックスしていて、時には弱い部分も見せる、そんな環境になっていれば、「本当のことを言っても、したいことをしても大丈夫」と思ってもらえる場所になるでしょう。

来た人が少しずつリラックスして、安心して居られるような気持ちと体になると、それは次にやって来た人にも伝わります。最初にスタッフがそういう風にこの場所にいると、そういう場になるのです。始めの話し合いは、そのために行っています。

人の振舞いは、周りの人たちによって変わってきます。親切な人たちの中にいて「俺だけは」とはならないでしょう。そういう場の価値観が大事だと思っています。

終わりの話し合いでやっているのは、反省会というよりは、感情のシェアです。

オープンしている5時間の間には、いろんなことが起きます。例えば、子どもたちが盛り上がり過ぎていて、止めた方がいいかなと思っているうちに、当の子どもは外に遊びに行ってしまい、問題はすでに解決している。でもスタッフの中に、モヤモヤした気持ちやストレスが解消されずに残っている。そうすると、家に帰ってから疲れたり、次の日に来るのがしんどくなったりすることがあるのです。

そういうことを話し合い、「それって大事だよね」という確認を日々しています。

こういう場所で起こることは、ほとんどが例外です。毎日起こっていることを話し合い、丁寧に積み重ねていくと、気持ちが解消されるだけでなく、そうした振舞いが「場の文化」として蓄積していくのです。

改めて注目しておきたいのは、この場所を支えているのは特定の人物ではなく、ルールやマニュアルでもなく、この場で生成された価値観や文化であり、そこで自発的に生み出された役割であるという点です。

場を再現性あるものにするためのリテラシィが、「芝の家」にはあるようです。

4　教わるのではなく、学ぶ場――三田の家

ところで、「芝の家」の前身には、「三田の家」という取り組みがありました。「三田の家」は、２００６年に慶應義塾大学の有志と地元の三田商店街振興組合とによって生み出された「新たな学びの場」でした。

２０１３年まで7年間運営されたこの場所について、立ち上げから運営に関わってきた熊倉さん、坂倉さんに伺ったお話と、その軌跡をまとめた書籍『黒板とワイン　もう一つの学び場「三田の家」』をもとに紹介します。

この場所を生み出す一つのきっかけになったのは、２００２年に熊倉敬聡さんが行った「美

学特殊C」という授業でした。

熊倉さんは当時「今の大学は学生のポテンシャルを引き出す環境になっていないのでは」と考え、「セルフ・エデュケーション」という思想にもとづき、講義形式を取らず、学生たちが、教室内に椅子や机をどう配置するかから、年間のスケジュール、取り扱いたいテーマ、授業評価にいたるまでを話し合い、試行錯誤しながらつくっていきました。

そこから、「京島編集室」（墨田区京島で開催されたアーティスト滞在型プロジェクトに合わせて、2ヶ月間空き店舗に住み込み、地域の人たちと交流するプロジェクト）、「萬来喫茶イサム」（イサム・ノグチと谷口吉郎がデザイン・設計し、三田キャ

民家を改修してできた「三田の家」の外観

ンパス内にありながらも何十年も閉ざされていた「新萬來舎」でのカフェ的空間の創出）を始めとする、さまざまなプロジェクトが生まれました。

もう一つのきっかけとなったのは、熊倉さんが２００1年から始めていた「インターキャンパス」プロジェクトという、大学の外に自分たちでしたいことが自由にできる場所をつくる取り組みでした。

その具体化に向けて、２００4年に地元の三田商店街に、学生と地域の人が交流できるラウンジのような場所をつくろうという企画を、商店街振興組合に持ち込みました。

当初はカルチャーギャップが大きく、企画書を持っていっても理解してもらえず、その後まちづくりに関する勉強会をしたり、旅行やボウリング大会、飲み会に参加したりというやり取りを重ねました。熊倉さんが近くに引っ越してきたことで、「本気だな」と信頼してもらえたようで、当時の商店街振興組合の理事長のご家族が持っている空き家を貸してもらえることになりました。

そこは築40数年の木造2階建ての一軒家で、ＪＲ田町駅から徒歩5分、大学までのちょうど中間にありました。長年使われていなかった家だったため、大掃除を行い、職人・専門家の指導のもとでワークショップとして内装工事、家具製作を行い、数ヶ月をかけて場をつくっていきました。そうしてできたのが「三田の家」です。２００6年9月に仮オープンし、半年間の試行期間を経て2007年4月に本格オープンしました。

坂倉さんは、慶應湘南藤沢キャンパス大学院学生として「美学特殊C」を受講、そこでさまざまなプロジェクトを立ち上げ、「インターキャンパス」プロジェクトにもメンバーとして参加。熊倉さんとともに「三田の家」を立ち上げています。

「三田の家」の場の運営には「日替わりマスター」制度が導入されていました。マスターは主に大学の教員で、週のある曜日を担当し、その曜日を責任を持ってディレクションしていました。この場所は、実験的な授業やワークショップ、シンポジウム、食事会や酒宴、音楽ライブ、展覧会の会場として、地域の人たちとの語らいの場として、また勉強や休憩や打ち合わせなどの普段使いの場所としても使われていました。

（熊倉さん）

「三田の家」には、特定の機能をわざと持たせませんでした。

そのため、利用したい人は、その場所の用途を発明し、自分の役割をつくらないといけませんでした。ある教員にとっては授業や地域研究のフィールドワークの場でしたが、商店街の人たちに理解してもらうために、ミーティングの場、飲み会の場と言っていたりもしました。

（坂倉さん）

何時から何時までオープンと決めず、その人が居られる時間にいる。何かしてもしなくても、お茶を飲んでいても、授業をしてもいい。学んでも学ばなくてもいい、何をしてもいい場所。先生と学生との関係がフラットになる空間。当時はそれが新鮮でした。教室だと、学生は宿題をしたり、正解を出したりしないといけませんが、三田の家では、自分がやりたいことを自分で見つけ、内発的に取り組むことになります。また学内では、同じ年、同じような好みの人と一緒にいることで、突出したことをやりにくい環境に置かれています。三田の家だと、変な自意識をなくせるので、いろんなことをやりやすくなっていました。

教わるのではなく、学ぶ場。

三田の家は、大学の教室では起こりえないような自発的な「学び」が生まれる空間になっていたようです。

何をしてもいい場所では、「あなたは何をしたいのですか？」と問われますが、そう問われることで、場に関わる人が主体的にそれぞれの意味づけをおこないます。

そこから学びや気づきが生まれ、場が立ち上がっていく契機がある。坂倉さんは、場を生み出すためには「創造的な欠如」、すなわち、通常の空間にあるはずの何かが欠けていることが、有効だと考えています。

『黒板とワイン』第2章「場づくり」の中で、坂倉さんはこう綴っています。

> 何かが「無いこと」で、出来事や人間関係が動き始める余地が生まれる。そうした、あるべきものの不在が創造するゆるやかな相互作用が、三田の家という場の魅力や磁力をつくっているようにみえる。

その場で生成されるゆるやかな関係性に開かれた場は、社会の様々な領域で求められていると言えるのではないだろうか。たとえば、従来の

「三田の家」での授業風景。真ん中に立っているのが熊倉さん

教授型の学校教育に代わる、新たな創発的な学びの場としてのワークショップ。公的サービスとしての福祉・教育施設を補完する、高齢者や子どもの居場所。まちづくりの合意形成的でない側面からのアプローチとしての、やわらかな共同性を育まんとするコミュニティカフェ。いずれも、その場に起こる予期せぬ出来事それ自体によって意味づけられる場である。（熊倉敬聡ほか『黒板とワイン』慶應義塾大学出版会より）

また三田の家には、誰が来ても受け入れるという大原則がありました。熊倉さんから、こんなお話を伺いました。

たいていの若い人は、自分の親しい人、家族以外とのコミュニケーションには慣れていません。マニュアル化された役割を果たすことはできても、未知の人と未知の関係性をつくるのは苦手です。三田の家では、孤立している人がいたら話しかけたり、知り合い同士をつなげたりすることが求められたため、見ず知らずの人たちといかに楽しい場をつくるかが鍛えられる場所になっていました。

時には「招かれざる人」「話を乱す人」もやって来ました。

私たちはそういう人たちを排除せずに受け入れ、関係をつくっていくことを意識していました。そのためには、高度な場の編集能力が必要になります。三田の家の場としての懐をどこまで深くできるかを、そこで考えていたのです。

オールデンバーグは『サードプレイス』の中で、「ボア」と呼ばれる、退屈な話を延々として聞き手をうんざりさせる輩について言及しています。

より多くの会話が期待される場所では、したがって、不適切な発言で話題を台無しにするなり、自分に割り当てられた時間を超過して話すなりして会話を乱す人が毛嫌いされる。(中略)ボアは、社交好きな人々の悩みの種であり、「社交クラブの適格者たち」にとっての疫病神である。(レイ・オールデンバーグ、忠平美幸訳『サードプレイス』河出書房新社より)

オールデンバーグはボアに対して、「わざわざ付き合う必要がない人物」という評価を下しています。

しかし、公的な立場で場をつくる時には、ここを避けて通ることはできません。居場所を必要としている人は、人付き合いの上手な人とは限りません。むしろうまくないからこそ、人とつながれる場を希求しているかも知れないのです。つまりここでは、「場としての懐」の深さが求められるのです。

三田の家では２００８年に、「昭和の地域力再発見事業」を進めていた港区芝地区総合支所から、「三田の家の姉妹店のようなものをつくりたい」という相談を受けました。それを受けて、坂倉さんと武山政直先生が中心となり、その年の秋に立ち上げたのが「芝の家」でした。

そして三田の家は、大家さんが亡くなられ、物件の売却が決まったことにより、２０１３年10月に、７年間の活動を終了しています。

目的性を持たせないことで、そこに集う人たちがゆるやかにつながる場をつくる。そしてまた、公共の場所として、居場所を求めている人たちを受け入れることのできる、懐の深い場をつくる。

「三田の家」での実験は、そのように、「芝の家」に活かされているようです。

5 アートによる包摂の場——ココルーム

ソーシャル・インクルージョン（社会的包摂）という理念があります。

失業、低所得、技術の未習得、住宅困窮、健康不良、家庭崩壊などの問題を抱え、地域的なつながりから脱落していく人たちを社会の構成員として取り込み、すべての人々を孤独や孤立、排除や摩擦から援護し、健康で文化的な生活の実現につなげるというものです。

大阪市西成区の動物園前一番街にある「ココルーム」は、アートという分野から、この「ソーシャル・インクルージョン」を実践している場です。

運営主体はＮＰＯ法人「こえとことばとこころの部屋（ココルーム）」。２００８年から今の場所で運営しています。

代表の上田假奈代さんとは、15年以上のお付き合いになります。扇町「Talkin'About の「ポエトリーリーディングの夕べ」に毎月お越しいただき、閉館前の扇町ミュージ

大阪市西成区の動物園前一番街にある「ココルーム」の賑やかな外観

アムスクエアで「詩の学校」を開催いただいたこともありました。

その後２００３年に、フェスティバルゲートという大規模娯楽商業施設の再生のために大阪市が「新世界アーツパーク事業」として現代芸術の拠点づくりを行った時にＮＰＯ法人を設立し、建物の中に喫茶店兼事務所を設けました。

假奈代さんはここを「まちづくりに関わり、表現を軸にしながらアーティストの仕事をつくるための場所」と位置づけて活動を始めました。

改めて、假奈代さんに、これまでの実践について伺いました。


22歳の時から、京都で今でいうワークショップのような会をやっていました。当時は朗読の社会化を目指していて、表現の訓練を積んでいない人が、自分の気持ちを自分で表すことをコンセプトにしていたので、対象者を限定しませんでした。朗読が生活の中に自然にある状況をつくりたかったのです。
2、3年続けるうちに、しんどい人も混じってきましたが、排除しようとは思いませんでした。詩の朗読にも取り組んでくれたし、発表もしてもらいました。みんなの前で気持ちを表して、みんなが受け止めてくれると元気になっていく。そこに表現の可能性を感じるようになりました。

その後一度京都を離れて、1年半くらい表現を離れていましたが、それまでに育ててきた人が企画者になり、今度は表現者として声がかかるようになりました。「ポエトリーリーディングの夕べ」が開催されていたのもその頃です。

それで、もう一回人生を展開させて、大阪に来ました。その時に、詩をやっていた知り合いの男の子が自殺してしまう、という経験をしました。

社会的にフリーター全盛期が陰りを見せ始め、アルバイトをしつつ表現活動を続けるのが難しくなり、うつ病にかかる人が増えていた頃のことです。自分にとってもそれは他人事ではありませんでした。

ココルームを立ち上げたのは、場づくり、アウトリーチ、まちづくりなど、表現を軸にしながら仕事をつくることに挑戦しようと考えたからです。

すぐそばに釜ヶ崎という街があったことで、ココルームには日雇い労働者とホームレスの人たちがやって来るようになりました。

釜ヶ崎は1960年代ぐらいから、主に建設業に従事する単身日雇い労働者が集積する寄せ場となっていました。そこで働く人たちの労働環境、生活環境は劣悪で、かつては頻繁に暴動も起きており、危険な街だと見なされてきました。

ところが1990年代後半には、公共事業の削減により日雇いの仕事がなくなり、労働者はホームレス化しました。また労働者の高齢化が進んだこともあり、２０００年頃からは生活保護受給者が増えています。街なかにはホームレスの方がとても多く、リヤカーに新聞や段ボールを積んで歩く人や、自転車にアルミ缶を積んだ人を頻繁に見かけます。

ココルームには、そんなおっちゃんたちもやって来ました。私は彼らの話を聞き、困りごとには専門家を紹介したり、仕事さがし、住まいさがし、家出人探しなどのお手伝いをしたりしつつ、一緒に作品をつくるという取り組みを続けてきました。

その後フェスティバルゲートの再生が頓挫したことで、假奈代さんは２００８年に、釜ヶ崎にさらに近い今の場所に拠点を移し、〝地域の中の居場所〟を維持し続けています。

ココルームは「喫茶店のふりをしている場所」だと言っています。アートＮＰＯの事務所には誰も来てくれませんが、喫茶店なら来てくれるので。

ここに集まってくるのは、生活保護受給者、日雇い労働者、支援の仕事に携わる人、研究者、学生、旅人、外国人、ココルームや釜ヶ崎に関心がある人、テレビやヨコハマトリエンナーレで存在を知った人などです。

やって来たお客さんにはまず「ただ茶（無料のお茶）」をお出しします。もちろんコーヒーやジュースを注文することもできますが、いろんな人が顔を見せてくれて交流する機会になるので、何も頼まなくてもこの場所にいてくれたらいいなと思ってお茶を出しています。昼以降には、酒も出していますが、アルコール依存などの問題もあるので、むしろ「控えなさいよ」と言いつつ出しています。

お店では、差し入れをいただくことが多いです。旅人や遠方から来てくれる人が多いですが、ふだん「ただ茶」の人でも、生活保護支給日の

「ココルーム」店内風景。スタッフとおじさんたちが和気あいあいの日も

後にはお菓子を持ってきてくれたり。こんな感じで、喫茶営業の日銭が入ってくるとはいえ、決して儲かる商売にはなってはいないですね。

昼食と夕食の時間になると、スタッフもお客さんも一緒に奥の小上がりのちゃぶ台で「まかないごはん」を食べています。このあたりには一人でご飯を食べている人が多いので。みんなで食べるっていいですよね。私もココルームがなかったら困ります。配膳も、洗い物もみんな手伝ってくれます。そして集まった人たちとのおしゃべりを楽しんでいます。

ここではスタッフとお客さんを分けるというよりは、「みんな」という感覚で接しています。

みんなでおしゃべりを重ねていると、機会があれば表現をしたいという意識を持ったり、気づきを得たりする方もおられます。馴染んできて、信頼関係ができてきたら、自分が生きている証を絵にしたり、書にしたり、詩にしたり。そんな風に、おっちゃんたちの生活が徐々にアートとつながっていきます。

「芸術のための芸術（l'art pour l'art）」という言葉があります。19世紀のフランスで使われ始めたもので、日本では「芸術至上主義」として知られます。芸術それ自身の価値は、真の芸術である限りにおいて、いかなる教訓的・道徳的・実用的・思想的な目的に奉仕するべきものではないという主張です。

詩でいえば「詩をただ詩のためだけに書く」という態度です。

日本の芸術文化支援においてはこれまで、この「芸術のための芸術」が重視され、「社会のための芸術」には重きが置かれていませんでした。ですがこのことは、芸術を担うアーティストに対して「危険な賭け」を要求します。

「芸術のための芸術」を理解し、そこに対価を払う人たちが十分にいなければ、また公的な助成の恩恵を受けることができなければ、食べていくことができない。そこに身を投じるかどうかという判断が、アーティストには求められるのです。

アートの立場から「ソーシャル・インクルージョン」を実践するということ。

それは假奈代さんが「芸術のための芸術」とはべつの道を選んだということです。

ココルームでは2012年から、「釜ヶ崎芸術大学」という、誰もが参加でき、学びあうことができる市民大学を運営しています。釜ヶ崎にあるさまざまな会場で催され、年間に40〜100ほどの講座・ワークショップを、多彩な講師を招いて開催しています。参加料は無料、またはカンパのみで、住んでいる地域も問わず誰でも参加できます。

2014年には、現代アートの国際展である「ヨコハマトリエンナーレ」に参加し、メイン会場の横浜美術館への展示のほか、オープンキャンパスやイベントを通じてその活動を紹介しました。そして假奈代さんは、「釜ヶ崎芸術大学」の功績により２０１５年度の芸術選奨新人賞（芸術振興部門）を受賞しています。

表現することは、本当は誰にでもできること。でも実際は、誰にでもできるわけではありません。自分の存在が抑圧されたり、否定されたり、認められない経験が長いと表わせないものです。自分はありのままにいていいと思えた時に、私たちは心から表現できます。そのためには、安心していられる場所が必要です。

困ったときには、「困った」と言うことができればなんとかなります。窓口に相談に行くことができない時にでも、そこに行き、話ができる誰かがいれば、それが誰かの生命線にもなるのです。その一つの試みが喫茶店です。

いろんな人たちが集まり、分け隔てなく付き合う中で、自分たちの気持ちが少し前向きになっていく。何かを表現することを知り、表現とともに日々を生きていく。ココルームは、そんな場所になっています。

わたし自身は「包摂」しているつもりは全くなくて、むしろ「包摂する／される」をどんどん入れ替えてゆくようなことが、アートだからこそできるんじゃないかと思っています。関係を固定化させるのではなく、そこをほぐしたり、ゆるやかにしていけたら、みんな朗らかに生きていけそう、そう思っています。

6　共有空間の獲得――小山田徹さんの取り組み

２００１年のフリーペーパー『THE BAG MAGAZINE』の取材では、永井宏さんとともに、小山田徹さんにもお話を伺っていました。

小山田さんは、上田假奈代さんと同じく、アートの側から場づくりに深く関わっていた方です。１９８０年代から90年代にかけて、パフォーマンスグループ「ダムタイプ」のメンバーとして活動しておられ、京都・烏丸今出川にあるコミュニティカフェ「バザール・カフェ」の立ち上げメンバーの一員であり、また南芦屋浜の震災復興住宅での「コモンカフェ・プロジェクト」という営みを行っていました。

「バザール・カフェ」は、さまざまな社会活動に携わる15のグループの共同ミーティング・

プレイスとして、「コミュニティの中のカフェ」という形で運営されていました。医療関係者、看護師、身障者、患者会、フェミニズム運動の関係者、庭師、あるいは大工さんや、普通のおじさん、おばさんまでかなり幅広いバックグラウンドを持った方々が参加され、ケア・サポートやノウハウ、あるいはそれぞれの現場をカフェに持ち込んでおられました。

また「コモンカフェ・プロジェクト」では、南芦屋浜震災復興公営住宅の共有空間に屋台を持ち込み、お茶やお酒を提供しながら、さまざまな地域からこの住宅に集まった住民の方々との語らいの場をつくるというプロジェクトを行っておられました。

僕自身がシングルズの再生を考えていた時期にお会いしたことで、自分の中でカフェについてのイメージが具体的になり、日替わりマスターのお店ではどんなことが起こるのかを見てみたいと、このときに心にスイッチが入ったような気がします。

今回、小山田さんに、改めて活動の経緯をお伺いしました。

1984年に「ダムタイプ」に参加しました。

「ダムタイプ」というのはパフォーマンスアートのグループです。当時、全世界的にパフォーミングアーツと呼ばれる舞台芸術の新しい形が同時多発的に起こっていて、私たちも大学の中で、戯曲を中心とした演劇表現ではなくて、もっと様々な要素を等価値で持ち込めるような場と表現がつくれないかと思い、立ち上げたのがダムタイプだったんです。

ダムタイプでは、グループワークで様々なアイデアを出し合い、それをみんなで組み替えながら表現を構成していくというスタイルで作品をつくっていて、１９８０年代後半から90年代にかけては　世界中を飛び回るほどの評価をいただいた集団になりました。

ただ、そのピークの頃に、中心メンバーの古橋悌二氏は「自分はＨＩＶに感染している」とカミングアウトしました。その後ダムタイプでは、エイズにまつわる様々な出来事に、当事者として立ち会う中から作品をつくるようになりました。

色々調べていく中で分かったのは、エイズというのものが単なる病気ではなくて、差別やジェンダーの問題などが生み出す、社会的な病であるということでした。そしてその状況に対するアプローチを同時に始めました。

そして「アートスケープ」という一軒家にみんなで移り、共同生活をしながら表現活動・社会活動をするようになりました。

古橋氏は、1995年に亡くなりました。

その当時はエイズを治したい、治さないといけないと思っていたんですが、僕らは医療関係者でもないし、直接治せる立場にないんですよね。それでエイズを取り巻く社会的な偏見をとにかく解決したいと考えていたんですが、やがて一つの解決方法で世の中が解決することはないんじゃないかと思い始めたんですよ。

じゃあどういうことが必要なのかと思ったときに、こういう問題をずっと対話し続ける場っていうのはどうやったらできるかを考えるのが重要なんじゃないかと。そのために美術や様々な分野のスキルが活用できるんじゃないかなと思い始めて、「共有空間の獲得」というテーマを意識的に考えるようになりました。

小山田さんは、現実の問題に対処しなければならない場所には〝隙間〟が必要だといいます。

最初はあらゆる方にオープンな場所として設定していても、活動が先鋭化してきて専門化すると、無意識の敷居の高さが生まれるんですよね。

たとえば、1年間ジェンダーについて語り尽くした後に、初めて来られる方がいると、無意識に「ジェンダーについてこれまで考えたことがないのか」っていう圧力が生まれることがあります。悪気があるわけじゃなくても、専門性を帯びた現場では、そうなりがちなんですよね。

その時に小山田さんが編み出した方法が、自分たちでカフェをつくってみるということでした。

ダムタイプは1994年に「S/N」という、ジェンダー、セクシュアリティ、エイズなどをテーマにした作品を制作しましたが、この作品づくりを通じて出会った社会福祉関係の方々や、「アートスケープ」に出入りしていた人たちと一緒に、「ウィークエンドカフェ」という出会いの場をつくり、2週間に1度、ホームパーティーの延長のようなものを始めました。

そういう場があれば、みんなが集って話しているうちに、色んな話が進みます。理念を異にした人々同士でも、会話をすることで、情報や人材の交換も、活動の修正も可能だということに、みんなが気づいてきました。

ウィークエンドカフェはとても楽しく、シンプルな営業システムだったこともあり、みんなが代わる代わるマスターになってくれました。準備から片付けまで誰も指示しなくてもすみやかに行えて、みんなが愛を持ってその空間を維持してくれる。そういうことが奇跡的に続いたことで、味をしめるんですよね。

バザールカフェが始まったのは、1999年春のことです。

バザールカフェはもともとキリスト教の団体が、海外からの宣教師のための住居として使っていた建物で、その1階部分を改装してカフェにしました。以前のウィークエンドカフェのような形で集まりを開いていると、そこで社会的活動をしている人、アートという形で表現活動をしている人、庭師さんなど、いろんな人たちとの関係が出来てきました。そんなみんなの欲望をすくい上げて整理したら、カフェという形になったのです。

カフェは、多くの人が出入りできる、閉じていない場所、リラックスする場所、自分の立場をはっきりさせなくても喋れる場所、という共通認識が、多くの人たちの中にすでにあります。それをうまく使えば、「特殊性を帯びない特殊なカフェ」というものが可能なのではと考え、呼びかけを始めました。

バザールカフェを常設のカフェとして展開していくことで、小山田さんは経済的に自立した場の可能性を模索していきました。

カフェがあると、労働が提供でき、努力すれば経済を生み、自立できる可能性もあります。ただ、効率を上げることが自立とは考えていません。目指しているのは、個人の心の中の何かに対する自立です。カフェという場所で、人がポジティブな方向に向かう、ということを体験してもらうこと。資本主義的な「労働とその対価」ではなく、「労働に対する満足」を評価すること。即応型のシステムではない、未来に利く何かです。

このやり方は、短期的に見れば効率が悪いように思えますが、人生の経済効率からすると、かなり高いのではと思っています。

コーヒーを飲むという消費は、利用する人間が構築できる部分がかなり大きく、本当は多くの人が関われる可能性が高いと思っています。

そしてカフェという場所は、ただコーヒーを飲むだけではなく、自分が主体的にそこにかかわっていくことで、変えていける関係性がある場所だということにみんなが気づけば、もっと変わっていくと思います。

小山田さんは6年前から、京都市立芸術大学教授として教鞭を取りつつ、学生とともに「共有空間の獲得」をテーマに活動を展開しています。その考え方には、熊倉さんの「セルフ・エデュケーション」に通じるところがあります。

美術とは、自分の中にあるものを表出する営みだと思われがちですが、本当は関係性からしかものは生まれていないはずです。僕の授業では、学生たちと家族、ジェンダー、経済などについて話し合い、気づいていなかった関係性を掘り出し、結びつきを探して、表現の核を見つける、ということに取り組んでいます。

学生たちと一緒に学内に小屋を製作する小山田徹さん

人は自分の周りに多様な関係性をつくり、多様な交わりをしています。このことを意識的に「共有空間」と捉え、美術の立場からアプローチして、実現を試みることで、多くの人たちがその獲得を通じて、多様な社会をつくっていけるということを目的としています。

例えば学生たちとは、学内でのコミュニティづくりに取り組んだり、自分たちで学ぶ場所として小屋を自分たちで製作したり、生活の中で子供たちが集う場所や、生活しながら働ける場所を、カフェのような形で地域の中につくってみたり、屋台や、たき火や、食事や、音楽など、人が集まりやすい装置を使って、地域のコミュニティの再生に関与する形で活動しています。

東日本大震災以降、小山田さんは宮城県女川町で「たき火プロジェクト」に取り組んでおられます。知り合いだった方が、津波で家も店舗も流されてしまったため、その方をお見舞いしたことがきっかけで、個人の顔が見える形の交流を始めようと、たき火をしながらお酒を飲むようになったそうです。

たき火をしていると、自己紹介をしなくても会話が始まります。火の前にいるのは自然なことで、黙っていてもいいし、しゃべってても大丈夫というのがいいですね。女川ではこれから、一度崩れてしまったコミュニティを再生しないといけないんだけど、それを「押し付けられるコミュニティ」としてではなく、こういう機会を逆手に取って、新たに獲得できる自分たちの未来の社会を自分たちで対話を重ねながら、ゆっくり進めていくという形にできればと思っています。

小山田さんは2015年3月上旬から5月上旬までの毎週土曜日、京都市立芸術大学と京都市が開催したアート展「still moving（スティル・ムービング）」の参加作

2015年に京都・崇仁地区で開催された「ウィークエンドカフェ」

品として、「ウィークエンドカフェ」を開催しました。

場所はJR京都駅烏丸口から東へ徒歩約5分の所にある交差点角の空き地です。崇仁地区と呼ばれるエリアの一角にあります。この場所に屋台を持ち込み、テントを建て、たき火を起こして、集まった人たちにしゃべってもらう、そういう場になっていました。

崇仁地区は現在再開発の途上にあり、数年後に京都市立芸術大学が移転する計画が進んでいます。そして大学による地域活性化のための第一歩として実施されたのが、「still moving」でした。


ここにあった市営住宅は集約され、移築されます。住民の方々の多くは移転に賛成されていますが、反対している人たちもいるので、時間をかけて進めていかないといけません。そのための対話の場をつくるために、この場所に「ウィークエンドカフェ」を持ち込んだのです。

たき火には、隣の人と自然に話ができる雰囲気があります。震災の時にはたき火をすることで命を守ってきたのに、平時に戻ると、まちなかではたき火はできなくなってしまう。それがもったいないと。

今この場所で、こんなことができているのは、奇跡的なことです。

これまで、アートの文脈で語った方がいい場面では「共有空間の獲得」と表現してきましたが、生活者として語った方がいい場合には、「みんなが集まってしゃべれる場があるといいよね」ぐらいの言い方をしています。

大事なのは、参加する人たちが「お客さん」としてでなく、自分の場を獲得するために主体的に動くということです。この場も、誰かがホストの役割を果してくれているから、僕が何もしなくても回っています。先々週にはお客さんだった人が、今日は朝から来て働いていたりする。それがカフェの醍醐味です。

通常のお店では、カウンターの中は聖域であり、立ち入るべからざる場所です。しかし入ってみると、カウンターの中は、なかなか居心地の良い場所です。

客席側だと、知り合い同士が盛り上がっていて、自分だけがそこにいる場合には、所在なさから本を読んでいるフリ、スマホをいじっているフリをしたりすることがあります。

それが、役割を持ってカウンターの中に入ると、状況は全く変わります。「つねに全体に気を配っている人」というポジションが得られるのです。

客席側で注文する人がいたり、誰かが水をこぼしたり、話を聞いてほしい人がいたら対処する。こういう動き方ができれば、その場所にいる必然性が生まれます。

ホストとゲストの境目が曖昧になっていて、ゲストとしてやって来た人が、その気になればホスト役に変わることもできる。そのことで、やって来た人たちが自発性を獲得していく。そんな風に、人が自ら学ぶことができる場を、小山田さんはとても上手につくられます。そして小山田さんは、場をつくり続けること、変え続けることに、こだわり続けています。

僕は、場づくりが完成することはないと思っています。完成したと思った途端に消費されてしまう。だから僕らは、もう一つの場をつくりつづけるしかないのです。学生たちも、成長していくにつれて、場のあり方をどんどん変えていくはずです。彼らには、変える技術と体力を持ってほしいと思っています。そういう取り組みが芸術、美術を生む土台となるのだと思っています。

7　国籍を越えて出会う場 ―― comm cafe（コムカフェ）

大阪府箕面市小野原西。大阪大学のキャンパスに程近い住宅地にある多文化交流センターの1階に、comm cafe（コムカフェ）はあります。

オープンは2013年。箕面市国際交流協会の相談員だった崔聖子《ちぇそんじゃ》さんが、「外国人市民が等身大でいられる場所、自立できる場所をつくりたい」との思いから立ち上げられました。

このお店の特徴は、外国人シェフが日替わりで料理を提供する「ワンデイシェフ・システム」で運営されていることです。シェフの国籍は、韓国、香港、ベトナム、インド、エジプト、モロッコ、ブラジル、ペルー、フィリピン、ロシアなど14ヶ国で、シェフはそれぞれの国の家庭料理を850円で提供しています。

すぐ近くに大阪大学があることで、小野原には外国人教師や留学生とその家族を始め、多くの外国人が暮らしています（住民の6%とも）。センターでは5言語（中国語・韓国朝鮮語・英語・フィリピン語・イ

「comm cafe」には、近所の人たちも外国人も集う

ンドネシア語）での生活相談や、日本語教室、子どもたちのための教室などを開催しており、地域で暮らす外国人が日々足を運んでいます。

カフェにはセンターにやって来た外国人のほか、近隣に住む日本人も多く訪れます。ランチは平均して30食程度で、「ここに来ると世界旅行をしているようだ」と、毎日のように来られる方もおられるそうです。

センターを運営する箕面市国際交流協会の岩城あすかさんに、お話を伺いました。


シェフの中には、余裕があってやっている人もいますが、仕事がなくなったので、ここで料理を出しながら、次の展開を考えている人もいます。つまり中間就労の場という役割も、このカフェは担っているのです。

ここでは、自分たちで食材を仕入れて料理をつくってもらっています。キッチンも客席も広いので、最低3人ぐらいに手伝ってもらわないと回りません。なので、お金もうけと考えると、なかなか続けられないですね。

知り合いの少ないシェフをサポートするために、ボランティアグループを組織しています。こちらは日本人の主婦の方が多いです。やり取りにつかうのは「やさしい日本語」。彼女たちも、外国人の方とずっといることで、ものの見方、家族や子どもとの接し方が変わってきているようです。

外国人の方は、ここが自分たちのためのカフェだと理解していて、リラックスして過ごしておられます。ここに来ると同じ国の人、言葉の人に出会えるというのも魅力のようです。またカフェができてから、小さな相談はここで済むようになりました。

日本人の中にも、料理だけでなく、居心地の良さを感じて足繁くやって来られる方もおられます。その中には、社会の中に居場所を見つけづらいような方もいらっしゃいます。

外国人シェフの多くは、日本人のようにお客さんに気を遣いすぎるこ

「comm cafe」を支える外国人グループ「シカモ」のみなさん

とがなく、全体としておおらかでのんびりした雰囲気なので、ここでは自分もそのままくつろげそうだと思われるようです。

一方で、国籍や文化の違うシェフをまとめてカフェを運営するのは、結構な苦労もあるようです。

日本語の理解度や文化の違いから誤解が生まれることは日常茶飯事で、揉めることもよくあります。舌打ちしたり、声を荒げたり。ちょっとした国際紛争です。揉めた時にはたいてい、最初に強い表現に出た方は「悪かった」とすぐ謝れますが、受けた方は「あれだけやっておいて、すぐに許せるか」と引きずってしまいます。そのため、現場のスタッフが仲裁に入るときには、両者の言い分を聞きながら、慎重に落としどころを考えています。

ただ、外国人にとって、ケンカは仲良くなるための手段です。日本人のように、一度ケンカしたらもう関係は終わり、ということはありません。そうしたやり取りを通じて、いい意味で人が変わっていくことも多いです。細かい文化の違いに気づき、他者を理解することにもつながっています。

運営スタッフである私にも、新たな発見がありました。

私は夫がトルコ人で、2つの国のルーツを持つ子どももいます。私自身も4年以上トルコに住んだ経験もあります。なので当事者に近い存在のはずでしたが、それでも知らず知らずのうちに日本の価値観を外国人スタッフたちに押し付けてしまっていると、カフェを運営していて気づくことがあり、一層注意するようになりました。

在住外国人の方々にとっては、自分らしくいられる居場所の確保は、生きていく上で切実な問題のようです。

留学生の中には、海外から家族と一緒に来ている人もいます。4年、6年といった滞在期間中、パートナーにはやることがなく、社会との接点がないため友達もできない、ということもあります。

また、外国人の親を持つ子は、ほぼ全員が学校でいじめられた経験を持っています。学童保育の現場でも、ひとり親や共稼ぎの家庭の子どもは家で一人か、子どもたちだけで過ごしていることが多いため、ストレスを抱えています。そういう子は、自分よりさらに弱い立場の子に当たりがちです。

そんな中、外国人の子どもたちの中には「はい」しか言わなくなっている子もいます。そういう子たちがリラックスして自分らしくいられる場所が、必要だと思っています。

2015年には、パリでイスラム過激派による大規模なテロが発生しました。その背景には、移民社会に対する根深い差別がありました。パリ郊外のバンリューと呼ばれる地域にある巨大団地には、外国から仕事を求めてやって来た旧植民地国からの移民と2世、3世が住み続けていますが、この地域は西欧社会とは断絶しており、何十年にもわたって差別を受けてきました。

ここで暮らす子どもたちは、生活のために必死で働く親にかまってもらえず、学校でも差別を受けています。彼らのうちには、学校に行くのをやめ、犯罪に手を染める者もいます。イスラム過激派のリクルーターは、彼らに受けてきた差別の理由、社会の理不尽さについて教え、テロリスト予備軍として育てていきました。

ここにある大いなる不幸の連鎖と、日本国内で外国人の子どもたちが味わう疎外感とは、レベルの違いこそあれ、その本質は同じです。

岩城さんは、最後にこうおっしゃいました。

ここは、誰もが包摂される場所です。国籍に関係なく、誰もがありのままの自分でいられる場所。世の中の居心地が悪くなってきている中で、ここだけはリラックスできる空間にしておきたい。ここでしんどくなった気持ちを回復させ、またこの不寛容な社会で生き抜く元気を養ってもらいたいと思っています。

8　地域の問題を自分たちで解決する場——おしゃべりサロン

「共有空間の獲得」という取り組みは、地域における問題を自分たちで解決していく姿勢ともつながっていきます。

大阪府阪南市の箱の浦団地には、「おしゃべりサロン」という場所があります。運営しているのは、自治会・民生委員・校区福祉委員などの有志で結成された「箱の浦自治会まちづくり協議会」。ここでは、一杯100円のコーヒーを飲みながら、地域の仲間と会話を楽しむことができます。

箱の浦団地は、関西国際空港の南側の、海を見下ろすことのできる丘陵地に形成された、800戸、2千人が居住する戸建て住宅地です。

ここは人口膨張期に郊外に住宅を求めたサラリーマン層が住む町でしたが、開発から40年経った今ではリタイア層が中心となり、高齢化率は38％となっています。

箱の浦自治会まちづくり協議会では、「箱の浦のことは箱の浦で解決する」をモットーに、高齢者が抱える問題など地域の困りごとを次々に事業化。「おしゃべりサロン」を軸に、「箱の浦・朝市」「お助け隊」などユニークな住民参加の事業を通して、問題を解決するだけでなく、コミュニティや地域経済の活性化につなげています。

同協議会会長の岡保正さんにお話を伺いました。

この地域に「おしゃべりサロン」を開いたのは、２０１２年のこと。

「することがない、行くところがな

箱の浦自治会まちづくり協議会が運営する「おしゃべりサロン」

い」と団地の中をさまようお年寄りの姿を見て、誰でも気軽に訪れることができる居場所をつくりたいと考えたのがきっかけです。

当初は地域に設置された住民センターで始めましたが、そこは急な長い階段を登らなければならない丘の上にあったため、団地の中心にある今の場所に移しました。ここはもともとディベロッパーの事務所で、持ち主の方に趣旨を5回説明して理解いただき、年間13万円の家賃で賃借しています。そして内装を喫茶店風に変え、家具を持ち寄っていただき、この場所をつくりました。

営業は現在週3日（火・木・土）、朝10時から昼3時まで開けていて、毎回40名の住民にお越しいただいています。

運営側のスタッフは団地の主婦の方々で、シフト表があって、自分で名前を書いていただいています。1回でも入ったことのある人は20名ほど。「家にいるよりも楽しい」と来てくれています。

サロンに来ることで、年取ってから物知りになったという声もあります。当初は四角四面だった人が丸くなったな、と感じることも。

〝しゃべり場〟をつくると、そこでの日々の会話を通じて、住民のさまざまなニーズを把握することができます。そしてそこから、地域の高齢者を支えるためのさまざまな取り組みを展開しています。

サロンの敷地内では、週1回「箱の浦・朝市」を開催しています。買い物難民の支援が目的でしたが、地元漁師が揚げた新鮮な魚や周辺農家が提供する安価な野菜を求めて、毎回100人近くの客が集まるようになりました。現在は、趣味でパンを焼く人や陶芸品をつくる人なども出店しています。

高齢者の日常生活のちょっとした困りごとを解決する「お助け隊」というサービスも展開しています。網戸の張り替え、水道のパッキン交換、自転車のパンク修理、蛍光灯の取り替え、庭の草刈りなど、ニーズは様々です。顔見知りにお願いできるので安心で、作業の間に会話を楽しむこともできるメリットもあります。

子育て世代にも参加してもらえる企画として、親子で参加できる「のびのびクラブ」を実施しています。「まちづくり協議会」のボランティアが中心となり、竹馬づくりのワークショップやホタル観賞会、そうめん流しなどを開催し、まち協の活動を理解してもらい、行事の企画運営にも関わってもらえたらと思っています。

団地と最寄り駅の箱作《はこつくり》駅間でワゴン車を走らせる「会員制送迎」は、通勤・通学者を手助けする交通手段としてスタートしました。阪南市のコミュニティバスは運行の時間帯が限られているため、朝・夕の時間帯に送迎車を運行しています。

また「おしゃべりサロン」は、交流を楽しむ場にとどまらず、「ここに来たら悩みを話せる」相談所としても機能しています。

一見すると悩みがなさそうな人でも、話をしているとさまざまな困りごとを持っておられることがあります。それで、サロンでは毎週火曜日はソーシャルワーカーがやって来て、医療・介護・福祉の相談に応じ、専門的な立場から適切なサービスを紹介しています。

高齢者は、施設に足を運んだり、電話で問い合わせるのはハードルが高いと感じています。「こんなことを相談していいんかな」と。ですが、サロンでは普通におしゃべりをしている感覚で相談できます。

ソーシャルワーカーにとっても、一軒一軒回る必要がなくなり、サロンに来るだけで利用者に出会い、状況を把握することができるというメリットがあります。

ただ、地域には、サロンに足を運ぶことですら「ハードルが高い」と感じている人たちもいるようです。

女性にはクラブやサークル活動などの地域デビューの場がありますが、定年退職した男性には高学歴でプライドの高い人が多く、会社中心の生活を送ってきたため、みんなと馴染んで話すことができない人もいます。

協議会では2015年から、新たな空き家を借りて「シニアランチハウス」事業をスタートしました。一人住まいの高齢者、なかでも男性に、地域参加の第一歩として出てきても

「シニアランチハウス」開催風景

らうための新たな試みです。現在月2回の昼食会を開催し、毎回25名ほどの方が参加されています。

地域には自治会がありましたが、自治会だけではこうした地域課題に対応することが難しくなっていました。また自治体に陳情しても、なかなか解決しないことが多かったようです。そこで地域では新たに「まちづくり協議会」を発足させ、さまざまな事業を手がけるようになりました。

まちづくり協議会の取り組みが興味深いのは、課題を抱えている地域の高齢者自身が、互助的に問題解決の仕組みを構築していることです。

会長の岡さんはかつて、南海電鉄が運営する遊園地「みさき公園」の園長をされていました。寺嶋さんも数十年にわたり、保険会社で営業マンとして勤められた方です。それぞれが企業で培ったノウハウが、地域のまちづくりを支えています。

なぜ箱の浦では、互助的な組織づくりに成功しているのか、と伺ってみると、

こういうものを立ち上げるには、欲得抜きで動く人が4人は必要。そういう人が揃っていたから。

高齢化の進行により問題を抱える地域は全国あちこちにあり、その数は今後増えていきます。「自分たちで場をつくり、話し合いながら自分たちの問題を自分たちで解決する」箱の浦モデルは、そんな地域に多くのヒントを与えています。

9 戻ってくることのできる場——淡路屋

ここまで紹介してきたのは、公共的な目的意識を持って場づくりに取り組んできた事例ですが、何十年も続いてきたお店にもまた、地域において欠かせない役割を果たしている場所があります。

オールデンバーグは、サードプレイスは総じて地味で、飾り気のない場所だと言っています。むしろ目立たないことで、楽しい仲間たちとリラックスして過ごすことのできる場を担保しているのだと。そうした場所は、目立たないだけでどこにでもあるようにも思えますし、逆にそうそう見つからないからこそ、コミュニティカフェが求められているのだとも思えます。

NHKで金曜夜に放送されている「ドキュメント72時間」。人々が行き交う場所に出向き、そこで72時間カメラを回しながらインタビューを続け、居合わせた人たちの喜びや悲しみや切なさや葛藤を伝えるという番組です。

定点観測されるのは、巨大病院のコンビニ、24時間営業している食堂、レンタルビデオショップ、お盆の時期のお墓、成人式前後の美容室など。そこにやって来る人たちに話を聞くことで、その人たちが抱える事情が垣間見え、思ってもみなかったドラマが立ち現れるのがこの番組の醍醐味ですが、時にそれまで日常の風景にしか見えていなかった場所が、誰かにとってのかけがえのない場であったと分かることがあります。

2015年5月に放送された「駄菓子屋・子どもたちの小さな宇宙」。

舞台になったのは、神戸市兵庫区・和田岬の「淡路屋」。ここには、放課後に近くの小学校の子どもたちがやって来ます。子

和田岬小学校のすぐそばにある「淡路屋」

どもたちは駄菓子やクレープを買い、お店の前で遊び、ケンカしたり仲直りしたりしています。店主は「ねーちゃん」と呼ばれ、子どもたちと友達のように話しています。缶集めのケンちゃんは毎日お店に立ち寄り、子どもたちとしゃべっています。

時には、子どもの頃に淡路屋に通っていた若者たちがやって来ます。

一時期ケンカばかりしていて鑑別所に行き、今は家の仕事を手伝い、「あの頃は若かったで」と友達と笑い合っている男性、中3で妊娠・出産して、今はスナックに勤めながら、一人で息子を育てている女性。弟を海で亡くした兄が、弟と一緒に来たこのお店を懐かしんでやって来て、ビールを飲んでいたり。かつての子どもたちが、その後十数年の間に、波乱万丈の人生を送っていたことが分かってきます。

僕が心を打たれたのは、小学生の子どもたちにも場所に対する愛着があり、そこが年を経ても彼らにとって大事な場所であり続けるということでした。

この番組を観てから、僕は「淡路屋」に何度か足を運び、店主の伊藤由紀さんにお話を伺ってきました。

和田岬は、三菱重工、三菱電機の人たちが何千人も働く企業城下町です。

JR和田岬線は、朝と夕方だけ運行しています。サラリーマンたちは、電車に乗って工場に通っています。和田岬に住んでいる人たちは、商店の人たちや中小企業の人たち、港の仕事をしている人たちのようです。

淡路屋の開業は、１９６０年頃のこと。もともとは重工・電機の従業員向けの食堂で、夜にはお酒も出していました。

由紀さんは3代目で、１９９４年に重工・電機のＯＬさんや三菱神戸病院の看護婦さん向けのクレープ屋に商売替えをしましたが、開けた当日にお店にやって来たのは子どもたちでした。それで１００円ぐらいで買えるものをと駄菓子を増やし、今のようなお店になったそうです。

午後3時頃になると、下校してきた子どもたちは「ねーちゃん、バイバイ」と声をかけていきます。そしてしばらくすると、いったん家に帰った子どもたちが集まってきます。

「運動会の練習あって、足痛いねん」

「つかれとーねんな」

ねーちゃんは、友達と話すように子どもたちと話しています。

私は教えることも、しつけることもしなくていいので、「へえー、ふーん、おもろいなぁ」と言っているだけですよ。

由紀さんはそう言いますが、実際には、子どもたち一人ひとりに興味を持って、時にチョッカイをかける、そんな気づかいに満ちたやり取りに見えます。目線の高さが一緒なので、子どもたちはねーちゃんに心を開いて、いろんな話をしています。

子どもたちは、お店の前でずっと遊び続けています。僕が行った日は5年生が多く、当たり付きのチョコを「ほんまに当たりあるんか？」と言いながら5個も10個も買って試していたり、男女入り混じって前の道路で相撲を取っていたり、大声をあげて騒いだりしていました。

ねーちゃんは「もうちょっと静かにしい！」「売りもんやから、置いといて！」と、時に声を大きくしていました。

放送されていた内容は、誇張ではなく、淡路屋の日常をそのまま切り取っていたよ

店内に並ぶ駄菓子。写真の手前側にはイートインスペースも

うです。

（由紀さん）

でも今日はましな方。こんなんが2、3組来ると、ほんまに大変。

夕方になると、かつての子どもたちもやって来るようです。僕が行った時には、3人の仲間が「たこせん」を食べ、コーヒー牛乳を飲みながら、翌日の仕事の段取りについて話したり、昔からの友達の話をしたりしていました。

「彼らにも、場所に対する愛着があるんでしょうね」と言うと、由紀さんは、「あの子ら体は大きくなったけど、中身は子どものまんまなんやと思いますよ」と。

子どもたちは、ねーちゃんがいて、幸せな記憶が残るこの場所に帰ってきます。

場所というものは、つくるものではなく、なっていくものかも知れない。20年続けてきたからこその場の力が、淡路屋にはあります。

（由紀さん）

20年やってて、やめたいと思ったことはありません。気が長いんでしょうねぇ。6年生が出て行ったら、今度は1年生が入ってくるし、毎日面白いですよ。
もっともっと年を取って「ババア、まだやってんのか」と言われるまでやりたいですね。

10 ホームからアウェーへ

前著『カフェという場のつくり方』で僕は、「場づくり」を目的とするなら、自分でカフェを経営しなくても、誰かが営むカフェを使いこなすことで、その目的を果たすことができるかも知れない、と書きました。

それに近い話ですが、公共的な目的を果たす場を今からつくる必要があるのか、それともすでに地域にある場を活用し、活性化させる方が良いのではないか、と考えてみることは大事だと思っています。すでに地域の人たちの心のよりどころがあるのなら、その隣に新たにコミュニティカフェをつくる必要などないはずです。

また「誰にとって必要な場所なのか？」と問うてみることも大事です。

何らかの問題を抱えている人、つながりを必要としている人は、カフェに足を運べる人であるとは限りません。むしろ、来ることのできない人、そこを敷居の高い場所だと感じている人、場所の存在を知らない人の方が、場を必要としている可能性があります。

小山田さんはかつて、南芦屋浜震災復興公営住宅の共有空間に屋台を持ち込み、お茶やお酒を提供しながら、さまざまな地域からこの住宅に集まった住民の方々との語らいの場をつくる「コモンカフェ・プロジェクト」を行っておられました。

そのように、社会的な課題に対して本当に取り組むためには、場をつくってそこに座して待つのではなく、自ら〝アウェー〟に出向き、出会うことのなかった人と出会い、新たな関係性をつくり、状況に変化を生み出す、そういう方法もあるのではないか、と僕は考えています。

２０１２年に、兵庫県尼崎市では「尼崎連続変死事件」と呼ばれる凄惨な事件が明るみに出ました。角田美代子を主犯とする犯行グループは、平穏に暮らしていた家族のもとに乗り込み、財産を奪い、親族同士に暴力を振るわせ、殺人にまで至らしめるという営みを繰り返していました。この事件により、「尼崎は怖い街」というマイナスイメージが全国的に広まりました。

尼崎は、僕の家がある芦屋と、職場がある大阪の中間にあります。昔からガラの悪い街と言われてはいましたが、なぜここでこんな事件が起きたのかが気になり、3年ほど前から仕事の帰りに途中下車して、界隈の呑み屋を巡るようになりました。

尼崎には、鹿児島、沖縄、韓国、朝鮮などにルーツを持つ方が多く住んでいます。もともとは城下町でしたが、大正時代に臨海部に大工場が立ち並び、職を求めて流れてきた人たちが集住するようになったことがその背景です。僕はもともと沖縄好きなので、特に尼崎に多い沖縄・奄美料理のお店を訪ね歩くようになりました。そして沖縄県出身の人たちが集まる戸ノ内にたどりつきました。

JR加島駅を北に出て住宅街を進み、シャフト工場横の細い路地を進み、化学機械工場の横をかすめ、神崎川にかかるモスリン橋を渡ると、神崎川・猪名川・旧猪名川に囲まれた三角州に入ります。ここが戸ノ内です。道をそのまま進んで交番を過ぎると、「この土地は某という者が所有していると主張しているが実際は私のものだ」と書いた看板がかかった空き地や、かつてお店だった建物などがあります。その先に、「より道」という沖縄料理屋があります。

「より道」外観。薄暗い路地に誘蛾灯のように光る提灯

「より道」に初めて行った日のこと。

ガラガラと扉を開けてお店に入ると、中にいた常連さんたちに「兄ちゃん、ソバでも食べに来たんか？」と尋ねられました。僕は「沖縄ソバ、いいですね！」と言いつつカウンター席に座り、ビールと、カウンターに置いてある大皿料理を注文しました。

そのうちに、「兄ちゃん、沖縄か？」「わしは本島の本部《もとぶ》の方や」「私は喜界島」と、カウンターでの会話が始まりました。「いや、沖縄じゃないんですが、沖縄が好きで……」

店内にはカラオケがあり、なぜか沖縄ではなく「北の漁場」など、北の方の歌を歌っておられました。そのうちに「兄ちゃんも歌い」と言われたので、「思《うむ》やー小《ぐわ》」とい

劇場の客席のような「より道」のアーチ型カウンター

う古い沖縄民謡を歌いました。

すると店内の一同が、「兄ちゃんがこの唄を歌うか」と驚き、一世の人が二世の人に「お前の親父が好きな歌や」と言っていました。その後ママや常連さんたちと大いに盛り上がり、「またおいで」と言われ、沖縄ソバを注文せずに帰ってきました。その後3年ほど、このお店には月1回のペースで通い続けています。

戸ノ内のような場所のことを、マーケティング的には「限界立地」といいます。河川、道路、線路などで外界と隔てられ、外から足を運ぶことが困難なことから、そこにお店を構えると、地域内にいる人イコール顧客になります。そこで暮らす人が一定数いれば経済的に成立しますが、経営は地域事情に大きく左右されます。

戸ノ内の歴史は、複雑です。

第一次大戦後に、戦後不況と黒糖価格の暴落により、沖縄ではソテツ地獄と呼ばれる飢饉が起こり、多くの人々が仕事を求めて大阪や神戸、阪神間に移り住みましたが、そうした移住者の中で、西成区で養鶏をしていた人たち、西淀川区で素灰《そばい》（練炭の材料）やから消し（消し炭）をつくっていた人たちが、周囲の苦情を受けてこの三角州の先端に移り住んだのがきっかけだと言われています。その後親戚友人知人を頼り、この地に流入した人は多かったようです。

戸ノ内には、1923年（大正12年）にモスリン（羊毛を平織りにした織物）をつくる工場が建ちました。しかし工場は昭和不況の影響で倒産。跡地には航空機用エンジンの工場がつくられましたが、１９４５年（昭和20年）の空襲で焼失しました。

戦後の戸ノ内には、焦土と化しアメリカの占領を受けた沖縄から、多くの人たちが渡ってきました。一方、１９５４年（昭和29年）には、工場の跡地に尼崎駅前にあった遊郭が移転してきました。界隈は神崎新地と呼ばれ、一時期は70軒ほどの妓楼が建ち並び、４００人近くの女性が働いたそうです。そして遊郭が移転してきたことで、戸ノ内は暴力団の温床の地となりました。町には人が増え、特殊飲食店街として栄えましたが、環境は悪化し、また外の世界からは差別の目で見られるようになりました。

阪神・淡路大震災によって建物が倒壊したことで、神崎新地はなくなり、その後戸ノ内には中小・零細工場や事務所が集まりました。いくらか環境が改善しましたが、近年は住民の高齢化が進み、生活保護や年金の受給者が多く暮らしています。そのため飲み屋ではツケで酒を飲み、支給日に支払いに来る人もいます。1年ほど前にコンビニが出来ましたが、買い物ができる店は他にはなく、車を使えない人たちは買い物難民化しています。

戸ノ内には現在、飲食店が10軒ほど残っています。そこが地域の人たちが集う場として機能していますが、それぞれのお店は競合関係にあり、協同して地域の活性化に取り組むことはなく、お店ごとにコミュニティが分断してしまっている感があります。

僕は戸ノ内のいくつかのお店に通い、常連さんと話をしながら「今聞いておかないと、聞けなくなる話」を集めています。そして他のお店や地域で聞いた話を店主や常連さんに伝えたり、新聞や雑誌の方々に情報を提供したり、ここに興味を持った方をお店に連れて行くツアーを小さく開催したりしています。

やっていることは、出掛けていって話をしたり聞いたりしているだけで、具体的な問題を解決しているわけではありません。が、新しい人たちが出入りすることで、その場所に新しい風が吹くこと、そこから集まっている人たちの意識が徐々に変わっていくことに、いくらかの可能性を見出しています。

もう一つ、僕が途中下車して通う呑み屋があります。ここでは「ひがし」という名前にしておきます。

「ひがし」は、市営住宅の1階にあります。開業してからは100年近くで、13年前に今の場所に移っています。

ここに住む人たちは、界隈のことを「ムラ」と呼んでいます。お店に集う人たちの出身地はかなり多彩で、ムラの人、沖縄、鹿児島、朝鮮、韓国の人たちがいます。営業時間は朝9時半から夜10時まで。70代後半の母親と、40代前半の娘の2人で営業し、時間帯ごとにやって来る常連客に支えられています。

「ひがし」には、生きていくためにコミュニティを必要としている人たち、職業倫理と矜持を高く持ち、日々を前向きに暮らす人たちが集まっています。店内には「友と語らいの場」というタイトルで、常連さんたちの似顔絵が描かれた手描きのポスターが貼られています。お店での会話の大半は世間話ですが、時に彼らの身近にアウトローが存在し、それゆえに起こりえる厄介な事柄といかにうまく距離を置いているかの機微を知ることがあります。

このお店では、集まっている人たちによる相互編集によって、自分たちの暮らす地域の課題を解決しているのです。その意味でかなり質の高いサードプレイスであると言えます。

余談ですが、「より道」のカウンターはゆるやかなアーチ型を、「ひがし」のカウンターはコの字形をしています。

そのことで、店主と他のお客さんとのやり取りが自然に視界に入ります。一人一人がキャラ立ちしているので、飲みながら芝居を観ているような気分になります。そして僕のようなよそ者を受け入れ、居心地良くさせてくれるだけの度量を、店主も常連さんも持ち合わせています。

居酒屋研究家のマイク・モラスキー氏は著書『呑めば、都』の中で、こんなカウンター論を展開しています。

居酒屋で最もありふれている形は一本のまっすぐなカウンターであり、ほかに「L字型」のもあれば、たまに炉端焼き屋などで見られる四角いものや、長方形のカウンターもある。しかし、「コの字」という形は比率では一番多くなくても、最も客同士の間の共同体意識を生み出す形ではあると思う。ゆえに、下町の大衆酒場で好まれるのだろう。

やはり、一本のまっすぐなカウンターの場合、両隣の席の客以外を（よっぽど騒いだりしていない限り）さほど意識することはないだろう。顔も見えにくく、すぐ近くには座っていても、別の空間を占めているように感じる。

「L字型」はそれに比べて周囲の客の顔が多少目に入るが、「コの字」だと誰もがほかの客の顔を見ることができ、また常に見られているから、共同体意識が湧きやすく、同時に乱れたような言動が自然に牽制される効果がある。簡単に言えば、「コの字」のカウンターは「みんなの場」だという認識を強調する構造を持っているわけである。（マイク・モラスキー『呑めば、都―居酒屋の東京』筑摩書房より）

「Common Bar SINGLES」もまた、カウンターが「く」の字型になっています。一人のマスターがお客さんとコミュニケーションを取りながらオペレーションできるようにそうなっているのですが、カウンターが「一文字」ではないことで、マスターを介して面識のないお客さん同士が自然に話し出す雰囲気が生まれています。

実はこんなところにも、人がつながる場のヒントがあるようです。

「お客さんの立場であっても、積極的にその場に関わることができる、それがカフェという場の醍醐味です」小山田さんは、そう言っていました。

背景が違うことで、これまで出会わなかった人たちが、ここで出会う。

そういう場づくりは、すでにコミュニティの結節点になっているお店に足を運ぶだけで実現するかも知れません。ただし、そこには好奇心とともに、他者に対する感受性とコミュニケーション技術と、いくらかの心の準備が必要ですが。

4

創発が起こる場としてのカフェ

1　扇町Talkin'About（トーキン・アバウト）

最終章では、「創発が起こる場」はどうすればつくれるかについて、僕自身が続けてきた実験と思索をもとにご紹介します。

僕は2000年に、「扇町 Talkin'About（トーキン・アバウト）」というトークサロン企画を始めました。

これは、あるテーマについて、興味ある人が集まり、集まった人たち自身が語り合うという〝しゃべり場〟です。大阪・キタの扇町界隈の飲食店・バー・カフェなどを会場に、演劇・映画・現代美術・音楽・文学・ポエトリー・お笑い・漫画・哲学といったジャンルのテーマでの集まりを開いていました。

当時、僕は扇町ミュージアムスクエア（OMS）という複合文化施設のマネージャーをしていて、「さまざまな文化ジャンルに関心のある人たちが集まる場をつくりたい」という思いからこの企画を始めています。

僕の中には「クリエイティブな人々が集まるサロン」への憧れがあって、それをどうすれば実現できるだろうかと、ずっと考えていました。

「扇町 Talkin'About」の趣旨として、僕はこんな文章を書いています。

あるカルチャーが台頭するとき、そこには必ずクリエイティブな人々が集まるサロンがあった……。

ダダイズムにおけるキャバレー・ヴォルテール、サルトル・ボーボワールら実存主義者が熱く語り合ったサンジェルマン・デ・プレやカフェ・ド・フロール、日本でも映画・演劇関係者が論争を繰り返した新宿ゴールデン街など、様々な伝説とともに語り継がれている。

でも今の僕達にとって、サロンは幻想でしかない。過去のサロンは今や観光名所だし、今流行っているオシャレ系カフェで誰かに出会うわけでもない。

本当に「才能と才能とが偶然に出会い、そこから新しい何かが」なんてあるの？

「サロンは現代において、大阪において可能か?」

そして、多種多様なテーマのサロンを開催していました。

「扇町 Talkin'About」は参加無料で、主宰者も無償。参加者はそれぞれの飲食代をお店に支払うという、経済が絡まない形で運営していました。

扇町 Talkin'About タイトル（抜粋版）

カフェ文化考	Reading Bar ～ Good Words Only ～
CINEMA SALON	はじめてのアートシネマ
STAGE SALON	増村保造を学習する
「静かな演劇」って何？	そしてフェリーニは行く
推理合戦バー	トンデモ本大集合
ビートジェネレーションの地平	サブカルチャーの現在形
大阪は文化不毛の地か？	書を捨てよカフェへ出よう
沖縄アイデンティティ	CM は語るよ
アジアン・ジャパニーズ	海外コメディで笑おう
新聞を斜に構えて読む会	エルマガジンをみたか？
モンティ・パイソンをみたか !?	軍艦島へ行こう
なぜフリーペーパーを作るのか？	秘密結社をつくろう
ワンダーフォーゲルの可能性	古本屋へ行こう
アメリカ文学カフェ	ahaha 扇町・笑いのカフェ
英語 CAFE	ドキュメンタリー映画を考える
60's 的	80's 的
女性が普段読まない男性雑誌で雑談しようの会	普段なかなか語らない“恋愛”について語りあうカフェ。
批評をめぐる冒険	ポエトリーリーディングの夕べ
プロデューサー志願	扇町法律事務所
実験哲学カフェ	Philosophy Café In Englishes
未発表曲を聴く会	街並フェティッシュ
現代アート？	六甲山カフェ
読む前に書け	カフェをつくる
自主映画について語る会	ドミトリー計画
サルサレコード鑑賞会	Foreigners' Views
兼高かおるは来ない	プチ貿易振興事業団
FISHMANS' Affair	業態開発の夕べ
戯曲朗読感想会	仕事の話をしましょう
グッドデザイン博覧会	

当時は主宰者が15人ほどおり、それぞれがやりたい企画を思いついたら、タイトルと40字程度の説明、会場、日時を決めていただき、告知していました。そして各サロンの進行は、それぞれの主宰者に任せていました。

僕自身も主宰者の一人として、その時々に関心があるテーマを選んで、自分自身の勉強を兼ねてサロンを開いていました。関心が文化からビジネス寄りに変わってきた時期には、「業態開発の夕べ」「仕事の話をしましょう！」といったサロンを開いていました。

この企画では、集まった人数を気にしないことにしていました。「3人でやるイベント」とか「反イベント」と呼んでいたこともあります。そうすることで、イベント開催のハードルを下げていました。

企画を立てる時には、興味を持ってもらえそうな知り合いに声をかけて、少なくとも3人は集まるようにした上で告知します。イメージとしては、知り合いとの飲み会を告知していたような感じです。

開始時間になると、その会に僕らの知らない4人目、5人目が現れます（現れないことも）。新しい人が混じると、当然場は盛り上がります。かけがえのない出会いが生まれることもあり、それが面白くて続けていたようなところがあります。

それぞれの主宰者は、新しい人と出会うために、タイトルのつけ方や告知の方法など、いろいろな試行錯誤を繰り返しました。１００回目の企画の時に新聞に載せていただいたことで、取材を受ける機会が増え、いくらか認知されるようになっていきました。

扇町 Talkin'About は、基本的には文化的な関心から人が集まるテーマ・コミュニティでした。当時は掲示板サイト「2ちゃんねる」が登場したばかりの頃で、フェイスブック、ツイッターなどのソーシャルメディアはまだなく、同じ趣味や嗜好の人たちがバーチャルでつながるといったことは、今ほど一般的ではありませんでした。Talkin'About は、「同好の士」がリアルに集まる場として機能していました。

やがて扇町 Talkin'About は、「プロジェクトのはじめの一歩」という意味合いも持つようになりました。

何かを始めようと思ったときに、参加者からアイデアや意見を募り、ニーズを把握することを目的にサロンを開催し、同時に担い手になってくれそうな人と出会う、ということも意識するようになりました。

実際にそこから動いていった企画もありました。「カフェをつくる」というサロンからはコモンカフェが、「六甲山カフェ」というサロンからは六甲山カフェプロジェクトが、「プチ貿易振興事業団」からは雑貨の個人輸入のプロジェクトが、それぞれ始まりました。

扇町 Talkin'About は２００６年にいったん終了するまでに、通算７００回を数えていました。

2　扇町クリエイティブカレッジ！（OCC！）

２００３年にOMSが閉館した後、僕はメビック扇町の立ち上げに関わりました。メビック扇町は大阪市経済戦略局が設置し、㈶大阪市都市型産業振興センターが運営するインキュベーション施設です。ここでの僕の肩書きは「コラボレーション・マネージャー」。さまざまなコラボレーションを引き起こすための触媒としての役割を担っていました。

そのミッションを実現するために、僕は「扇町クリエイティブカレッジ！（OCC！）」という講座を企画し、３年間で２５０回開催しました。

OCC！では、クリエイター・プロデューサーの育成を目的に、デザイン・WEB・IT・映像制作・編集出版・ビジネスマネジメント・雑貨店・カフェ経営などの講座を開講しました。

講座というものは普通、受講者に何かを教えることを目的にしますが、OCC！ではもう一つ、講師の方々を世に紹介することを強く意識していました。

チラシには講師の写真とプロフィールを載せ、こんな人がこんな経歴を持っていて、こんな講座ができる、ということを紹介するフリーペーパーの意味合いを持たせました。受講者は平均30名ぐらいでしたが、チラシは1万枚刷り、産業振興課施設からカフェ、ギャラリーなどさまざまな場所で配布し、広く情報を伝えました。

ＯＣＣ！は「学びの場」でしたが、扇町 Talkin'About と同じように、そのテーマに関心のある人が集まりました。１時間半程度で講義をしていただき、その後に少し長めの質疑応答の時間をとっていましたが、場が盛り上がり、その後講師を囲んで飲みに行くということもよくありました。講座を核に人が集い、つながる場ができていたのです。

有料での講座だったことで、ＯＣＣ！はお金を払ってでも来ようという志の高い人たちの集まりになりました。当時僕は、サロンよりも講座の方が場づくりの方法として確かなのでは、と思うようになっていました。それが本業でもあったので、僕はＯＣＣ！を重視し、ＯＭＳ閉館後には個人的活動になっていた Talkin'About に対しては、関心の度合いを薄めていきました。

メビック扇町では、コンファレンス（会議）も企画していました。

数人のパネリストに出演を依頼し、事前に打ち合わせを行い、進行イメージをつくり、当日の司会進行も自分で行うようになりました。数人でのセッションを取り仕切るのは Talkin'About ですっかり慣れていたため、これは天職のようなものでした。

そして僕は、力のある人たちでドリームチームをつくり、華麗なパス回しを披露し、参加者の方々にその妙技を楽しんでいただく、そういう場づくりを志向するようになっていきました。

２００６年１月に開催した「Foreigners' Views（外国人の視点）」では、外国人の方、観光産業に従事しておられる方、海外への情報発信に携わるクリエイターの方にお集まりいただき、大阪という街を海外に発信するための方法について話し合いました。参加者は１２０名ほどおられ、有意義なセッションを実現することができました。

その後3月に、同じく「Foreigners' Views」というタイトルでTalkin'Aboutを開催しました。この会は告知が新聞に掲載されたこともあり、24名の人が集まり盛況となったのですが、その中に一人、赤ボールペンで自身の主張を書き連ねたメモを携えて会場にやってきたおじいさんがいました。

Talkin'Aboutでは、集まった方全員にしゃべっていただくため、持ち時間の目安を最初に伝えていますが、その方は持ち時間をオーバーして、持論をとうとうと展開し始めました。

「他のみなさんもおられるので、このあたりで」と話を切り、次の方に話を振りましたが、その方は他の人の発言にも介入してこられました。仕方なく、その方を牽制しつつ次の方にお話いただくという進行で、どうにか2時間の間に全員に発言いただきました。

終了後、その方は僕のところにツカツカとやって来ました。そして「君はさっきから、ずっと僕の発言の邪魔ばかりして、一体どういう積りだ」と詰め寄って来て、くどくど話し始めました。

その時僕は、ついうっかり「うっさい、帰れ！」と言ってしまいました。

その方は、きょとんとした顔をして固まりました。そして僕が他の参加者の方々と話をしている間に帰っていきました。

これは若気の至りとして軽く聞き流していただきたい過去なのですが、公論形成のための場づくりには、こうした「難所」があるということは多くの方に知っておいてほしいと思います。

僕は自分が「公器」を担う覚悟ができていなかったことに恥じ入り、この後しばらく「Talkin'About」を封印しました。

3 開かれた場が閉じる時

2008年に僕は、ある大学で「余暇文化社会学」という半年間の講義を行う機会を得ました。その時に僕は、自分自身が取り組んできた「Talkin'About」や「common cafe」の実践を紹介するとともに、歴史上のサロンについて改めて検証し、学生たちに伝えました。その作業を通じて、僕自身が曖昧な憧れから続けてきた場づくりの実践について、俯瞰的に捉えなおすことができました。

そこで気がついたのは、様々な立場の人たちが出入りするサロンというものは、実はフラジャイルな存在であり、往々にして閉じていくことがある、ということです。

17世紀中頃から18世紀半ばにかけて、イギリス社会に大きな位置を占めていたコーヒー・ハウスは、きわめて多岐にわたる役割を果たしていました。

ここはまず政論の場であり、さまざまな意見を持つ人たちがコーヒーの香りと紫煙の中で、政治を論じ、権力を批判し、革命を鼓舞していました。

またビジネス情報センターとして、新興ブルジョワジーの経済活動に貢献し、そこからロイズを始めとする保険業も生まれました。

またコーヒー・ハウスで得られた情報をまとめた新聞・雑誌が次々と発行されるなど、ジャーナリズムの発生・発展とも関わっています。そしてコーヒー・ハウスに集まった文人たちが、詩や演劇を批評し合い、議論をしながら構想を練り上げていくというように、当時の文学界とも密接な関わりを持っていました。

当時のイギリスのコーヒー・ハウスは、レヴェラー（人を平等にする場所）と呼ばれていました。古い封建制度が崩壊し、貴族階級が凋落する一方で、新たにブルジョワジーと呼ばれる階級が台頭した時代に出現したコーヒー・ハウスは、地位や身分に関わらず、すべての男性（当時のコーヒー・ハウスは女性立ち入り禁止の場所でした）を無条件に受け入れたことによって、新たな親交を享受できる場所になっていたのです。

しかし18世紀半ばになると、コーヒー・ハウスは、雑誌、新聞、保険会社、取引所、競売屋やクラブといった、自らの生み出したメディアや組織にその座を譲り渡し、徐々にその必然性を失い、衰退していきました。コーヒー・ハウスという場を経由しなくても、情報を得たり出会うべき人と出会ったりできるようになったのです。

しかし何よりも大きかったのは、コーヒー・ハウスが大衆化するうちに、誰にでも開かれた場であることを嫌う人たちがそこを離れ、「選ばれし者＝メンバー」での社交に閉じていったことです。

イギリスではその後、クラブ文化が栄えます。クラブはイギリスのトップクラス、知識階級や上流階級の人たちの社交場として、今日にいたるまでその存在感を発揮し続けています。

オルデンバーグは、著書『サードプレイス』の中でこう記しています。

> 好ましくない店舗の数が増えたことが会員制クラブを生み、会員を「芸術性のない風刺作家や売薬の行商人、ばくち打ち、盗人、マナーの悪い者全般」から守るようなしくみを生み出した。（レイ・オールデンバーグ、忠平美幸訳『サードプレイス』みすず書房より）

誰でも入れる場が、創発の可能性を秘めている一方で、厄介な人を避けるためにメンバーを選んで閉じていく、ということも必然的に起こる。イギリスのコーヒー・ハウスの盛衰は、開かれた場の可能性と限界とを雄弁に示しています。

では、開かれつつも魅力を失わない場は、どうしたらつくれるのだろうか？

僕はそう考えるようになりました。

4　伝説としてのカフェ

また、カフェというものは、芸術家の個人的物語と結びついて伝説化しやすい、そんな力学が働いていると気付いてきました。

画家モディリアーニが、日々の糧をカフェでの似顔絵描きに求め、美学生と恋に落ちて結婚し、病に倒れて夭逝し、妻がその後を追ってアパルトマンから身を投げたこと。

天才詩人ランボーとヴェルレーヌがパリの街を練り歩き、カフェでアブサン酒を飲んで大立ち回りを演じ、逃避行を繰り返しつつ詩を書いたこと。

サルトルがカフェ・ド・フロールの2階を書斎にし、カフェで文学仲間や芸術家たちと議論していたことで、観光客がカフェに集まるようになったこと。

こうしたエピソードは、実際に知の創発がそこで起こっていたのかどうかはさておき、何かすごいこと、面白いことがパリのカフェでは起こっているらしいという期待感を人々に与え、伝説化させるのに一役買っていたのではないか、そう思うようになってきました。盛る場としてのカフェは、実力以上に高く見積もられることがあるようです。

新宿ゴールデン街で「ナベサン」という店を営んでいた渡辺英綱氏は、著書の中でこう綴っています。

昭和51年1月14日、作家の佐木隆三が『復讐するは我にあり』で第74回直木賞を受賞することが決定した夜8時以降のことである。新聞、テレビ、ラジオ、雑誌、その他あらゆるマスコミの波が、その夜からゴールデン街に押し寄せた。

新宿ゴールデン街に直木賞作家誕生!!などと新聞、雑誌の見出しにもなったのである。

全マスコミは新宿ゴールデン街で呑み歩いている佐木隆三の姿を競うようにして全国に報道した。ゴールデン街で呑めば「文化人」になれるというコトバがマスコミを通じて語られるようになった。これは風俗史的に捉えれば一つの「事件」であった。（渡辺英綱『新宿ゴールデン街』晶文社より）

では、伝説ではなく、創発の実力がある場は、どうすればつくれるのだろう?

5 場に求めるのは楽しさか、意味か？

もう一つ、気づいたことがあります。

それは、カフェは作家にとって出会いの場、立身出世の場として機能した一方で、そこでいたずらに時間を費やす間に才能を潰えさせてしまう誘惑の場でもあった、ということです。

アメリカ出身の作家のアーネスト・ヘミングウェイは、高校卒業後に第一次世界大戦に従軍して重傷を負い、戦後は新聞社の特派員としてパリに渡り、ガートルード・スタインらと知り合い、小説を書き始めました。

パリに着いたばかりの頃、ヘミングウェイは先輩の助言を受け入れ、文学界で最も重要な人物たちを探して歩きました。そしてカフェに集っていた作家や編集者たちと出会い、語らう日々を送ります。こうしたカフェでの出会いから、ヘミングウェイは雑誌で作品を発表する機会を得ていきましたが、ヘミングウェイは彼らの中に〝悪徳と集団の本能〟を見て取るようになり、名声を得てからはこうしたカフェ的生活から距離を置くようになっています。

イギリスのフリーライター・放送作家のスティーヴ・ブラッドショーは著書『カフェの文化史』の中で、次のように書いています。

ヘミングウェイはモンパルナスのカフェ社会によそよそしいものを感じていた。「おれは仲間と一緒にただぶらぶらしてただけだったんだ」と、彼は突き放すような言い方をした。「作家なら書くことだ。いい作家なら自分の知っていることを書くんだ。」（スティーヴ・ブラッドショー、海野弘訳『カフェの文化史』三省堂より）

また『カフェの文化史』の中では、イギリスのジャーナリスト・作家のシスリー・ハドルストンがパリのカフェについて記したこんな文章が紹介されています。

カフェはいくつかの点で悪影響を及ぼしてきたかもしれない。なぜならあまりにも多くの作家たちが——画家たちも同じだが——モンパルナスやモンマルトルのカフェで一日の長い時間、そして夜すらも過ごすことで満足しているからだ。彼らは怠惰な習慣に陥っている。創作するのでなく話すことで満足しているのだ。彼らは朝から晩まで議論している。そしてその議論は何の実も結ばない。（スティーヴ・ブラッドショー、海野弘訳『カフェの文化史』三省堂より）

僕には、ヘミングウェイやハドルストンの主張は、カフェには創発の実力がないことの証明というよりは、カフェという場には、人それぞれ卒業するタイミングがある、という事実を示しているように思えます。ヘミングウェイ自身、カフェでの交流によって、多くのものを得ているわけですから。

僕は、こう考えています。

盛る場に集う人の中には、そこに「楽しさ」を求める人と、「意味」を求める人とがいて、前者は楽しければそこに留まり続けるけれども、後者はそこに行く意味を失えば、場から遠ざかっていく。そういうことなのではないかと。

〝出会いの場〟に出入りするのは、自分にふさわしい相手がまだ見つかっていない人たちかも知れません。そういう人たちは、パートナーと出会うことができれば、場に出入りする「意味」はなくなります。

では、出入りする人たちが、そこに「意味」を見出し続けることのできる場は、どうすればつくれるのだろうか?

こうした問いを抱き、僕は新たな場のつくり方について考えるようになりました。

6　博覧強記という道

２００７年に僕は「博覧強記になる」という目標を掲げました。

「博覧強記」とは、広く書物を読み、それらを非常によく記憶していること、知識が豊富なことをいいます。

それは僕の関心の軸が、シクミからナカミに移ってきた時のことです。

僕がそれまで関わってきた、劇場やインキュベーション、サロン、日替わり店主カフェは、才能ある人、面白い人が集まってくるシクミです。そういう人たちは、人を魅了するナカミをつくり出します。

僕は長らく、シクミづくりに自分の資源を投入し続けてきたのですが、そのうちに自分を留守にしている感覚を強く持つようになりました。そして自分の〝ナカミ〟を充実させることが、場づくりの早道なのではないかと思うようになりました。

たとえば、誰かに何かを聞かれた時に、「それだったら、○○さんが詳しいから紹介するよ」と返すよりも、「それだったら、□□だよ」と返せた方が早いし、失敗がないなと。感覚でいうと、パス回しだけでなく、ドリブルもできるし、時にはシュートも打つプレーヤーとしてフィールドに出る、という感じです。

僕はそういう道を歩むことに決めたのでした。

目標を立てたものの、博覧強記になるにはどうすればいいのか？

考えた末に、僕は高校の世界史と日本史の参考書を1年間かけて読了しました。

そして分かったことが、二つありました。

一つは、歴史を年号や事件を覚える〝お勉強〟としてではなく、「なぜ」「どうやって」という問いを自ら発しつつ学んでいくと、知的好奇心はどこまでも広がっていくということ。

そしてもう一つは、情報を蓄積した人は、その情報を誰かと共有したくなるということです。

当時の僕は、世界史に興味ある人を見つけては話を振っていました。そして語り合うことで、歴史について更に関心を募らせていました。そういう風に、情報の蓄積は加速するということを確認していました。

18世紀の大坂・北堀江には、木村兼葭堂《きむらけんかどう》（1736〜1802）という人物がいました。父の代から大坂の北堀江北詰で造り酒屋を営む町人で、酒造業のかたわら本草家、博物学者、古今東西の文物収集家、蔵書家として、また詩文、書画、煎茶などをたしなむ文人、博学多才の人として、大坂のみならず諸国に知られていました。

蒹葭堂は自宅の一部を私設の博物館としていましたが、そこには当時最高の知識や所蔵するコレクションを求めて、大坂はもとより遠国からも様々な文化人が訪れました。日々の往来を書き留めた『蒹葭堂日記』は、現存する20年間分だけでも、のべ9万人以上の人名が現れており、彼をとりまく交友関係がいかに広いものであったかを示しています。

蒹葭堂は諸学・諸芸に通じていただけでなく、サロン型ネットワーカーとして社交生活にいそしみ、一時代の知識人や芸術家を一堂に集め、文化的共和国をつくり上げていました。

僕はここに、博覧強記の先にある場の可能性を見出していたのですが、もう一つ、多くのことを知った人は仲間を求めるようになるということに、改めて気づきました。

『木村蒹葭堂のサロン』を著した作家・中村真一郎氏は、この本を、「知識人の孤独」という項から書き始めています。

中村氏は少年時代から、思想や趣味を共有できる先輩や友人に恵まれず、精神的孤立に苦しんできました。そしてある時、江戸時代の数千人の知識人が、中国古典、四書五経という共通の教養によって自己形成し、文学的著作においても共通の価値観を持ち、ひとつの「文学共和国」を形成していたという事実を発見し、強い感銘を受けました。

そして〝わかりあえる仲間の希求〟を原動力に、700ページもの大著を物したのでした。


木村蒹葭堂は、私の内部にある、一時代の知識人や芸術家を一堂に集め、そこに知識と趣味との統一と向上を図りたいという衝動、近代日本人の「私小説」的風土では軽視されがちの「社交人」的文化的「共和国」への憧れ、それを幸運な時代環境の中に生まれ合わせて、見事に実現した。

もし、人が生きる時代を選ぶことができたら、この時代に生まれて、山陽のように学問を愉しみ、波響のように芸術に遊び、蒹葭堂のように社交生活に明け暮れるというのが、私の地上天国の夢であった。(中村真一郎『木村蒹葭堂のサロン』新潮社より)

自分の興味関心に従ってさまざまな知識や教養を貯えていくと、その量に反比例するように、話が通じる相手が少なくなります。そしてそんな知識や情報を興味のない人に披露しすぎると、「オタクですね」と一蹴されてしまいます。

きっとあの「漢詩おじさん」も、わかりあえる仲間を求めて彷徨っていたのでしょう。

そして僕は、物を知っている人が一番カッコ良く見える場をつくろうと考えました。

2008年に「余暇文化社会学」の講義を始めたタイミングで、僕はサロンをつくる実験を再開しました。

この時には、いかに手間をかけないで場をつくるか、誰でも簡単に開催できる形にするか、という実験を重ねていました。そして「博覧強記の夕べ」という、お気に入りの本を紹介し合うサロンを、継続して行うようになりました。

ここには、ある逆転の発想がありました。たとえば村上春樹さんの小説について語り合う、という場のつくり方をすると、当日までに本を読み込まないといけない上、聞ける話はだいたい想定内になります。結果そこはハルキストの集いになり、作家や作品についてどれだけ知っているかを披瀝しあう場になります。

これを、読んで面白かった本をそれぞれ持ち寄って紹介する形にすれば、準備がいらない上、自分が知らない何冊もの本について知ることができる、と。

一人一人が持っている情報を場に持ち寄り、交換し合う。そうすれば、自分が知ら

「博覧強記の夕べ」（2014 年）。3 時間ほどかけて持ち寄った本を紹介し合う

なかった情報を得られると同時に、人と自然に知り合うことができる。

そしてこの会をずっと続けていけば、いつかは博覧強記になれるだろう。

「博覧強記の夕べ」は、その後月1回のペースで続き、現在までに100回を数えています。この会はあまり熱心に告知をしていないのですが、常連メンバーが集うサークルのようになっていて、毎回十数人が集まります。8年間も続けていると、本当にみんなが博覧強記と呼ぶにふさわしいレベルになってきて、誰かがある話題を投げ込むと、それに呼応して談論風発のセッションが始まる、といった趣になっています。

人と出会うことが目的だと、出会い、つながった後には、場は不要になります。ですが、知識や情報や嗜好を求めてつながる場合には、つながりを維持しつづける必然性が生まれるようです。

7 公論形成の場としてのサロン

僕は2010年に大阪ガス㈱に帰社し、近畿圏部で都市開発、地域活性化、社会貢献の業務に携わることになりました。その仕事を通じて、大阪市都市計画局の方から淀屋橋ODONAの2階に設置された、まちづくり情報の発信基地「アイ・スポット」の活性化の依頼を受けました。

そして２０１１年から、大阪のまちづくりをテーマに、「御堂筋Talkin'About」を月1回開催することにしました。

勝手連的な集まりではなく、公的なまちづくりの活動として「Talkin'About」を開催すること。それは僕にとって「公器を担う覚悟を持つ」ということでした。さすがにもう「うっさい、帰れ！」なんて言えないぞ、という。

第1回目のタイトルは「サロン文化考」。この場所から知の創発を生み出そう、と意図してのことでした。参加いただいたのは10名。

そして趣旨に賛同いただいた平岡珈琲店の小川店主、生駒ビルヂングの生駒オーナーと3人で、その後「大阪のものづくり」

御堂筋 Talkin'About「大阪古地図探訪」開催風景（2011 年）

「ナカノシマの水辺」「御堂筋界隈の記憶」など、大阪のまちづくりをテーマにしたサロンを月1回運営しました。この企画はその後、2年半ほど続き、参加者が知恵や情報を持ち寄り、交換することのできる場として定着させることができました。

集まった人数は、だいたい20名前後でした。毎回ゲストを呼び、1時間以内で話題を提供いただき、その後集まった方々に2～3分ずつ喋っていただきました。その場で議論するというよりは、みなさんが持ち寄る意見や情報をみんなでシェアするという構成にしていて、終了後に意見や名刺の交換をしていただいていました。

2012年には、英語版 Talkin'About を始めました。

当初は関西で何らかの活動をしていて、プレゼンテーションをしていただける外国人の方に話題提供をお願いし、その後に英語でディスカッションをする会としてスタート。ミュージックカンファレンスを継続開催している方、フリーペーパーやWEBマガジンを発行している方、たまたま旅行で関西を訪れていた方などと、英語を使いたい日本人の方々との交流の場を設けていました。

最近は「Information Exchange」と題して、参加者が話題を持ち寄って英語で紹介しあう会をベースにしつつ、面白い方と出会ったらゲストとして招く、というスタイルで定着しています。

2013年、グランフロント大阪の開設に合わせて、大阪ガスは「都市魅力研究室」という施設を設けました。都市の持つ魅力の発掘・研究・発信や新しいまちづくりのあり方の提案などを通して、関西の活性化に貢献することを目的とした施設です。

同施設の開設を機に、僕はサロン活動の拠点をグランフロント大阪に移し、「うめきた Talkin'About」として継続しています。

当初はまちづくり的なテーマを選んだサロンを定期開催していましたが、最近はテーマを設けず、本やまちの話題を持ち寄る「博覧強記の夕べ」や「マチ会議」を軸に、話し合うべき課題が出てきたら開催する、という形を取っています。

英語版 Talkin'About「Information Exchange」開催風景（2015 年）

8　ファシリテーションの手法

Talkin'About を長く続けてきた結果、僕の中では、少人数が舞台に上がり、大勢が客席でじっと話を聞く講演やシンポジウムの形式は、〝知の創発〟という観点からみるとむしろ効率が悪いのではという考えが、だんだん大きくなってきました。

この形式は、壇上の人たちが持つ知識や情報が、客席にいる大多数の人たちに比べて卓越していることを前提にしています。そして客席側にある重要な情報は、誰かがうまく引き出さない限り、この場でシェアされることはありません。

最近は「ワールド・カフェ」など、カフェ的会話を活用したファシリテーション手法が世の中に広まってきています。

１９９５年にアメリカで始まり、今では世界中に広まっているダイアログの手法で、集まった人たちが3〜4人のグループに分かれ、決められたテーマについて、それぞれのグループがカフェのテーブルを囲んで20分程度話し合います。時間になったら参加者はテーブルを移動し、新たなグループをつくって何回かのダイアログを重ねます。

少人数のリラックスした雰囲気の中で、参加者同士が質問を通じて気づきを促し、そこから生まれたアイデアがテーブルからテーブルへと伝わり、知識が共有されていくというものです。

この手法をつくり出したアニータ・ブラウンとデイビッド・アイザックスは、著書の中でこう記しています。

私たちが経験したことを明らかにしようとするにつれて、思い出されたことがあります。それは、多くの新しいアイデアや社会的なイノベーションは、カフェやサロン、教会、リビングルームなどでのインフォーマルな会話を通じて生まれ広がっていったのだということでした。私たちのリビングルームで行われた「カフェ的会話」は、人間社会における知識共有や、変革、イノベーションが起こるときの深くいきいきとしたパターンが現れている小規模なレプリカだったのではないかと考えました。（アニータ・ブラウン＆デイビッド・アイザックス、香取一昭・川口大輔訳『ワールド・カフェ―カフェ的会話が未来を創る』ヒューマンバリューより）

この形式は、参加者全員が情報や考え方を持ち寄り、それをもとに議論を進めることができるという点では、より進歩した形だと思っています。

ただ、実際に参加してみて感じるのは、模造紙とふせんとマジックを使って話し合えば、それで創発が起きるわけではないということです。シクミとともに、一人一人がそこにどんなナカミを持ち寄るか、その両方の備えがあって初めて創発は起こるのではないかと。

また Talkin' About では、参加者が一堂に会して、一人一人の発言を全員が聞く、というスタイルを重視しています。それは、創発を確率論的に考えているからです。

集まった人たちがテーマについて話し合う場は、そのテーマの深掘りだけに有効なのではありません。参加する人たちの多くは、自身の関心を他にも持っていて、足りないピースを常に探しています。彼らは議論の行方だけでなく、そのピースと出会えるかどうかにも、重大な関心を持っています。

「議論はイマイチだったけど、あの話は面白かったな、いい人と出会えたな」でも、場としては意味があるのです。だからこそ、その場に集まった人たち全員の話を聞ける設定にしています。

以前に出版記念パーティーを開いた時に、事前にブログを立ち上げ、参加者の方々に名前と簡単なプロフィールを書き込んでいただき、どんな人がパーティーに来ているかが分かるようにしたことがあります。そして当日のパーティでは、「『この人とは話をしたい』という相手には、声をかけてみてください」と促しました。

Talkin' About でやっていることも、原理は同じです。議論を深めることと、参加者の間の出会いを促すことの、二兎を追っているのです。

ただ、ことさらに人に人を紹介するということはしていません。一人3分、5分のプレゼンを聞いた後には、誰に話しかけるべきかは、それぞれ分かっているはずですので。

サロンの主宰者には、集まった人たち全員に気を配りつつ、話し合いを有意義なものにするための技術が必要です。

サロンに参加される方には、「喋りたくて喋れる人」「喋りたいけれど躊躇する人」「ただ聞いていたい人」の3つのタイプの方がおられます。

「喋れる人」には、時間をオーバーにして喋りすぎないように、「躊躇する人」には、うまく話を引き出すように、「聞いていたい人」には無理強いしないように、それぞれ注意していれば、みなさんにとって、そこそこ居心地のいい場になります。

そこから先は、参加者が場に何を持ち込むか次第です。

TalkinʼAboutは、参加者の知識や情報や意見の「棚卸しの場」なので、場の充実度は、参加者一人一人にかかっています。テーマについてあらかじめ調べて参加すること、誰かの発言にアイデアを加えること、それまでの議論で抜けているポイントを指摘することによって、その場をより意義あるものにすることができます。

場のファシリテーションで大事なのは、この「場への貢献」を引き出すことなのです。

9　創発のための場とは

金子郁容・松岡正剛・下河辺淳『ボランタリー経済の誕生』（実業之日本社）では、創発を生み出していくコミュニティは、次の5つの段階を経て立ち上がっていくと指摘しています。

①自発的参加

まずは、人々が自発的に集まってくる。

②情報供出

集まった各人が〝サムシング〟を持ち寄り、情報を供出し、交換する。

③関係変化

コミュニティの何かが変化し、新しい関係性が出現する。それまで互いを知らなかったり、対立していたり、睨み合っていた組織や個人が、そこで新しい編集関係を結んでいく。

④編集共有

何らかの具体的成果が上がり、参加者が〝ある方法〟を共有していたことに気がつく。

⑤意味創発

それによって各人は未知の意味を発見し、新たな動向が次々に誘発されていく。

そして創発を促すのは「強い情報」ではなく、「困った」「必要だが、できない」といった「弱い情報」であり、そうした情報を核に場の相互編集が起こる、と指摘しています。

『ボランタリー経済の誕生』では、経済学者・フリードリヒ・ハイエクの1945年の論文より、以下の部分が紹介されています。

経済システムを動かしているのは、包括的な知識とか統計的に集計された大きな知識ではなく、社会のさまざまな場面に従事している個々人が、それぞれ不完全なままに、お互いに矛盾するものとして分散的にもっている知識である。（金子郁容・松岡正剛・下河辺淳『ボランタリー経済の誕生』実業之日本社より）

「Talkin'About」では、「コラボレーションのつくり方」というサロンを時々開いています。

このサロンでは、最初に参加者の方々から「集まった人たちに聞いてみたいテーマ」を幾つか出していただき、その後参加者全員に、その中から自分が意見を持っている、情報が提供できるテーマを2つほど選んでコメントしていただきます。

この手法を使うと、自分が関心を持っているテーマを他の参加者に伝えることと、そのテーマに関心がある人、必要な情報を探すことができます。一種のテスト・マーケティングのようなもので、もし多くの方が関心を持つようであれば、その後単独のサロンとして開催することも、プロジェクトを立ち上げることもできます。

ここで大事にしているのは、参加者全員の知識や情報をプレゼントしていただき、場づくりに貢献いただくというスタンスです。

２０１４年からは「Talkin'About」の応用版として、「Walkin'About」というまちあるき企画を始めています。これは、ある街を自由に歩いていただいた後に集まり、情報をシェアするものです。これまでに関西の都心近郊を30ヶ所ほどを巡ってきました。

参加者の方々にはまず、ある街の駅の改札などに集合いただきます。そして地図を配り、簡単に街の説明をした後に解散。そこから90分間、みなさんに自由行動をしていただきます。何人かで歩いても、一人で歩いても、歩かずに喫茶店や居酒屋に行ってもＯＫで、再集合後には会議室や喫茶店、居酒屋などで、一人５分程度で見聞きしてきたことを話し合います。そこで地元の方に入っていただき、自分たちが持った疑問や推論の答え合わせをすることもあります。

一人で街を歩くよりも、またガイドされてみんなで歩くよりも楽しく、かつ発見が多いというのが、この企画のポイントです。

また「Walkin'About」と対をなす企画として、「マチ会議」を開催しています。これは「自分たちが訪れたくなる、住みたくなる、働きたくなる街」について話し合うサロンです。

誰にでも住んでいる街、頻繁に訪れる街についての話はできる、それが他の参加者にとっては新鮮でもある、話が盛り上がったら、今度は「Walkin'About」でその街を訪れる、この活動を続けていくと、さまざまな地域の魅力や課題を多面的に捉えることができるようになる、そんな循環です。

デンマークの心理学者エドガー・ルビンが考案した「ルビンの壺」という図形があります。これは、向き合った2人の顔にも、大型の壺にも見えるというもので、人間は

「マチ会議」(2015 年)。参加者が毎回、さまざまな街の情報を持ち寄る

視界に入ったものを「図」と「地」に分けて認識していて、どちらのイメージを「図」と見るかによって見えるものは変わる、ということを示しています。

私たちはふだん、「自分のものの見方、考え方」に従ってものを見ていますが、そのために「地」の部分を見落としています。そこにも豊かな世界、未知の可能性があるはずですが、それは自分が知らないことを受け入れる自由な構えがない限り、前景化しません。

僕が「Talkin'About」や「Walkin'About」で試しているのは、さまざまな視点から持ち込まれた知識や情報を統合することで、参加者一人ひとりに新たな気づきを促すこと、そしてより解像度の高いビジョンを得ることです。

10 いかなる個人より全員のほうが賢い

〝カフェで議論するよりも、自分の知っていることを書くべきだ〟

ヘミングウェイはそう言いましたが、作家はほんとうに一人で書く方がいいのでしょうか？一人でつくるよりも、みんなで取り組むほうが、より良いいものが生み出せる、ということはないでしょうか？

チームラボという、2001年に設立され、300人ほどのメンバーで構成されているクリエイティブ集団があります。プログラマ・エンジニア、数学者、建築家、デザイナー、アニメーター、絵師など、様々なスペシャリストから構成されており、アート・サイエンス・テクノロジー・クリエイティビティの境界を曖昧にしながら、『実験と革新』をテーマに作品を制作したり、ソリューションを提供したり、という活動をしています。

チームラボには代表と役員がいますが、それ以外はフラットで、またプロデューサーもディレクターもおらず、その代わりに、〝カタリスト〟と呼ばれる人たちがいるそうです。

カタリスト（catalyst）とは、触媒、つまり、自身は変化しないが、反応を発生・促進させる存在のことを一般的には指します。チームラボにおけるカタリストは、営業、見積もり、契約書作成、企画、進行管理などを幅広く担当しています。

カタリストは、プロジェクトを進めていくにあたり、チームづくりをします。

「こんな課題があるんだけど、どうしたらいいと思う？」と、解決のための方法を求めて社内に聞いて回り、そこからメンバーを集めてチームを組成し、知恵を編集し、仮説を立て、トライ・アンド・エラーを重ねながらプロジェクトを進めていくそうです。

同社の取締役・堺大輔氏さんは、あるトークセッションで、こう話していました。

ディレクターモデルは、20世紀型のモデルだと思っています。

答えが分かっている人がいるなら、その人の指示を仰げばいい。

でも今の課題を解決する方法を全て分かっている人は、世の中に一人もいない、そんな課題に取り組むには、ディレクターモデルは有効ではない。


P＆Gやサムスン電子など、世界有数のグローバル企業のデザイン・コンサルタントを行う「IDEO（アイディオ）」には「いかなる個人より全員のほうが賢い」という格言があるそうです。同社の共同経営者のトム・ケリー氏は、今日の複雑で多面的な問題の進捗や変化にイノベーティブに取り組むためには、専門性を極め、かつ自分の専門性以外の広い分野に関心と敬意を持っている人材によるグループ（チーム力）が重要だと語っています。

ヒエラルキーを固めることなく、意思決定や合意形成を柔らかく実施すること。

自発的に振り分けられた役割が、その自発性ゆえにパフォーマンスを高めること。

「みんなでつくった方がクリエイティビティや生産性が上がる」という創発モデルは、理想論としてではなく現実的な選択肢として、徐々に説得力を持ちつつあるようです。

フランス語の「ブリコラージュ」という言葉を、まちづくりの分野でよく聞くようになりました。本来は「寄せ木細工」「器用仕事」といった意味で、「有り合わせのものでつくる」という意味合いで使われます。

資源をふんだんに使える現場であれば、ドリームチームを編成してプロジェクトを進めていくこともできますが、そうではない現場の取り組みは「ブリコラージュ」になります。そして「創発」が希求されているのは、そこにいる人たちが、そこにあるだけの資源を活用してどうにかするしかない現場なのかも知れません。

つながること、そこから貢献や創発を生み出すこと、そのための道筋を社会のデザインに活かすことは、これからますます重要になってくるでしょう。

場をデザインし、使いこなすことで、社会を良い方向に進めることができる。

その可能性を、僕は今後とも探っていきたいと思っています。

おわりに

2001年に発行された『THE BAG MAGAZINE』の「カフェで謳え！」という特集の中で、僕は「扇町 Talkin'About」の紹介としてこんな文章を書いていました。

今、おしゃれなカフェが流行ってますよね。船場・堀江あたりが注目されて、雑誌でもカフェ特集が組まれて。でも、お気に入りのカフェに一人で行って、マスターとしゃべるでもなく、買ってきたレコードのライナーノーツを読み、読書して、コーヒーの味を楽しみ、お店の雰囲気を楽しんで帰る……今流行っているカフェって、ある意味「ほっといて欲しい」人たちのディスコミュニケーション空間として機能していますよね。僕はそれだけでは満足できない人なので、サロン空間を作ろうと思ったわけです。

あれから15年。おしゃれなカフェはすっかり定着しました。それだけでなく、コミュニケーションを目的としたカフェも、ずいぶん世の中に増えました。

そして、人と人とがつながる場はどうすれば立ち上がるのかという「場づくりの技法」も、さまざまな現場で蓄積されています。

ただ、その技法が共有されるよりも早く、世の中に場所が増えたことで、コミュニティカフェというものは現在、若干微妙な存在になっているように思っています。

僕がこの本で目指したのは、この「場づくりについてのリテラシー」を共有化することでした。今回取材を通じて感じたのは、卓見を持って場づくりに取り組んでいる方の多くが、「もう一つの場所をつくる」という意識を強く持っておられるということでした。

時代が進むとともに、僕らの生活空間はオールデンバーグのいう〈非−場所〉で満たされるようになってきています。また社会の価値観は一元化し、異質なものを排除する方向に向かっているようです。

居酒屋研究家のマイク・モラスキー氏は『サードプレイス』のあとがきの中で、サードプレイスについて「その場所が提供している品物やサービスとは別の目的のために行く」という点が重要だと指摘しています。

そういう場所は、経済合理性を過度に追求するモチベーションからは生み出されにくくなってきています。

オルタナティブな価値観を育むことができる場所、これからの時代をどう考え、生きていくかに慎重に対処するための場所は、今後より一層求められるはずです。そういう場をつくり出すための流儀を、僕らの社会は身につけないといけない、そう感じています。

参考文献

・ハワード・シュルツ＆ドリー・ジョーンズ・ヤング、小幡照雄・大川修二訳『スターバックス成功物語』日経ＢＰ社、１９９８年
・レイ・オールデンバーグ、忠平美幸訳『サードプレイス』みすず書房、２０１３年
・永井宏『カフェ・ジェネレーション TOKYO』河出書房新社、１９９９年
・朝日新聞デジタル「葉山からはじまる」（文：清野由美）
〈47〉葉山カルチャー　育ての親が大切にしたもの（２０１４年）
〈48〉「人を組み合わせる天才」が残したＤＮＡ（２０１４年）
http://www.asahi.com/and_w/hayama_list.html
・熊倉敬聡・望月良一・長田進・坂倉杏介・岡原正幸・手塚千鶴子・武政直 編著『黒板とワイン ―もう一つの学び場「三田の家」』慶應義塾大学出版会、２０１０年
・糸賀一雄生誕１００年記念事業『生きることが光になる』レポート・コラム
小山田徹「対話をし続けること　共有空間の獲得」（２０１３年）
http://100.itogazaidan.jp/report/report_8
・マイク・モラスキー『呑めば、都 ―居酒屋の東京』筑摩書房、２０１２年
・小林章夫『コーヒー・ハウス』講談社、２０００年
・小林章夫『クラブとサロン ―なぜ人びとは集うのか』ＮＴＴ出版、１９９１年
・スティーヴ・ブラッドショー、海野弘訳『カフェの文化史』三省堂、１９８４年
・渡辺英綱『新宿ゴールデン街』晶文社、１９８６年
・中村真一郎『木村蒹葭堂のサロン』新潮社、２０００年
・アニータ・ブラウン＆デイビッド・アイザックス、香取一昭・川口大輔訳『ワールド・カフェ ―カフェ的会話が未来を創る』ヒューマンバリュー、２００７年
・金子郁容・松岡正剛・下河辺淳『ボランタリー経済の誕生』実業之日本社、１９９８年

山納　洋（やまのう　ひろし）
1993年大阪ガス㈱入社。神戸アートビレッジセンター、扇町ミュージアムスクエア、メビック扇町、大阪21世紀協会での企画・プロデュース業務を歴任。2010年より大阪ガス近畿圏部において地域活性化、社会貢献事業に関わる。一方でカフェ空間のシェア活動「common cafe」「六甲山カフェ」、トークサロン企画「Talkin'About」、まち観察企画「Walkin'About」などをプロデュースしている。著書に『common cafe』（西日本出版社、2007年）、『カフェという場のつくり方』（学芸出版社、2012年）がある。

つながるカフェ
コミュニティの〈場〉をつくる方法

2016年 6月 1日　第1版第1刷発行
2018年 9月 10日　第1版第3刷発行

著　者…………山納　洋
発行者…………前田裕資
発行所…………株式会社 学芸出版社
京都市下京区木津屋橋通西洞院東入
電話 075-343-0811　〒600-8216

装　丁…………森口耕次
印　刷…………オスカーヤマト印刷
製　本…………山崎紙工

ISBN978-4-7615-1361-0
Printed in Japan